Friedrich Nietzsche

EL ANTICRISTO

Copyright © EDIMAT LIBROS, S. A.
C/ Primavera, 35
Polígono Industrial El Malvar
28500 Arganda del Rey
MADRID-ESPAÑA

ISBN: 84-8403-400-3
Depósito legal:CO-1045-2003

Colección: Clásicos selección
Título: El Anticristo
Autor: Friedrich Nietzsche
Traducción: Francisco Javier Carretero Moreno
Título original: Der Antichrist
Introducción: Enrique López Castellón

Diseño de cubierta: Juan Manuel Domínguez
Impreso en: GRAFICROMO

IMPRESO EN ESPAÑA – *PRINTED IN SPAIN*

FRIEDRICH NIETZSCHE

EL ANTICRISTO

Por Enrique López Castellón

LAS LIMITACIONES DE LA CRÍTICA DE NIETZSCHE AL CRISTIANISMO

I

Tal vez ninguna de las obras de Nietzsche haya suscitado tantas polémicas e interpretaciones como *El Anticristo*. No está, pues, de más hacer una serie de consideraciones previas que, en este caso, justifican plenamente la tarea del prologuista. Ello no quiere decir que estemos ante una obra esotérica de difícil comprensión. Recordando el subtítulo de *Así habló Zaratustra,* cabría señalar que *El Anticristo* es «una obra para todos» en cuanto a lo que se refiere a su comprensión; lo que no impide que acabe siendo «un libro para nadie» respecto a la aceptación plena de lo que en él se dice y a la puesta en práctica de lo que se concluye.

La limitación primera de este libro viene determinada por el hecho de que una cabal comprensión del mismo exige conocer toda la obra anterior de Nietzsche. La claridad puede ser aquí una cortapisa que haga perder de vista al lector las dificultades y problemas que *El Anticristo* plantea. En principio, no hay nada más desorientador que su propio título, ya que éste podría sugerir que se trata de un ataque a la figura histórica de Cristo, cuando lo que critica duramente el autor es la institucionalización del movimiento cristiano y en concreto la acción manipuladora de textos y dominadora de las conciencias realizada secularmente por una casta sacerdotal cuya delimitación en el tiempo trasciende el ámbito de una religión determinada.

«El Anticristo» es uno de los apelativos con los que solía designarse Nietzsche a sí mismo en el último periodo de su existencia lúcida, al borde ya de la crisis mental definitiva. En suma, no es el título de la obra sino el nombre que se atribuye el autor lo que significa la expresión de «el Anticristo». Nietzsche pretende personificar y encarnar la figura bíblica de «el Anticristo», tal y como aparece en el contexto del discurso apocalíptico neotestamentario relativo a «la segunda venida de Cristo», contenido en la segunda epístola de san Pablo a los tesalonicenses y en algunos escritos de san Juan. Nuestro autor se autodesigna como tal en un pasaje de su obra autobiográfica *Ecce homo,* al igual que en otros escritos firma como «el Crucificado» o «Dioniso».

El subtítulo del libro en cuestión —*Maldición sobre el cristianismo*— responde, en cambio, a su contenido, y el hecho de que Nietzsche optara por él induce a pensar que consideró esta obra como algo singular e independiente —al menos en cuanto a lo que desarrollo monográfico de un tema se refiere— de una obra larga proyectada bajo el título de *Inversión de todos los valores.* Resulta discutible —o defraudante, según se mire— juzgar que *El Anticristo* constituye el compendio de dicho libro definitivo o que es una parte de un escrito mucho más largo, nunca realizado, dedicado todo él a criticar el cristianismo. ¿Qué más hubiera tenido que decir Nietzsche sobre el tema si ya en las reducidas páginas de *El Anticristo* resulta reiterativo?

Bien es cierto que, en contra de lo que se acaba de afirmar, está el propio testimonio de Nietzsche quien en *Ecce homo* señala que había acabado su *Inversión de todos los valores,* lo que, junto al silencio del autor respecto a *El Anticristo* en el mencionado relato autobiográfico realizado en los dos meses siguientes al del final de la redacción del escrito que ahora prologo, y a la inexistencia de una obra de Nietzsche con el título prometido, apoyaría la tesis de que el panfleto que el lector se dispone a conocer representa lo que el pensador alemán consideró su «libro capital» y «serio». Ahora bien, ¿cómo sostener una afirmación semejante después de conocer las sutilezas de forma y contenido alcanzadas por Nietzsche en *Así habló Zaratustra* e incluso en *El ocaso de los ídolos,* obra que, para nuestro autor, era «una especie de iniciación, algo que abría el apetito para su *Inversión de todos los valores*», y cuya temática va mucho más allá de una mera crítica a lo que ha sido históricamente el cristianismo? Porque lo cierto es que, pese a la advertencia del autor en el prólogo de que *El Anticristo* es una obra destinada a una minoría, las páginas que siguen ofrecen un estilo directo —y casi cabría decir divulgador—, de algunas ideas tratadas por Nietzsche en otros escritos con mucha mayor profundidad y poder de persuasión. Es inútil buscar en el libro que nos ocupa un capítulo tan atinado como el dedicado en *El ocaso de los ídolos* a «La razón en la filosofía», por citar un escrito redactado por Nietzsche en este fecundo año de 1888. Y es que, como ha señalado ese buen conocedor de la obra nietzscheana que es Eugen Fink al comentar *El Anticristo,* «uno no convence cuando tiene la boca llena de espumarajos».

II

El problema que aquí se plantea no es en modo alguno insignificante. Se trata de cuestionar si todo el pensamiento de Nietzsche culmina en una crítica a la obra «funesta» de la casta

7

sacerdotal a lo largo de la historia del cristianismo. Ciertamente, resulta muy duro aceptar la visión de un Nietzsche convertido exclusivamente en simple paladín del anticlericalismo decimonónico.

¿Qué decir, entonces, a esto? En primer lugar, que todas las referencias hechas por Nietzsche a su proyecto de escribir una obra titulada *Inversión de todos los valores* no inducen a pensar que ésta se reduzca a lo contenido en las páginas de *El Anticristo*. Por otra parte, contamos con numerosos pasajes en los que Nietzsche ve en el cristianismo un caso más de «idealismo», cuyas manifestaciones se remontan a la filosofía griega, y así transciende, pues, el ámbito histórico de la Iglesia cristiana. En tercer lugar, *El Anticristo* ofrece muy poco de novedoso en relación con el conjunto de las obras de Nietzsche habida cuenta de que su hostilidad al cristianismo es constatable a lo largo de sus libros, desde *El origen de la tragedia* —y, más abiertamente, desde sus *Consideraciones intempestivas*— hasta la obra que ahora es objeto de análisis.

Es difícil que el lector que conozca toda la obra anterior de Nietzsche encuentre alguna idea nueva en esta repetición en clave panfletaria de sus críticas a la moral de la compasión, a la psicología de la casta sacerdotal y a la cobardía del cristianismo que niega la única realidad existente para cobijarse en la esperanza de otra vida más allá de la muerte. Cabe decir, con todo, que Nietzsche abandona sus intentos de comprensión de la situación psicológica de los sacerdotes, mostrada en *Así habló Zaratustra,* donde reconocía que «hay héroes entre ellos» y que «muchos sufren demasiado, y por eso se empeñan en hacer sufrir a los que les rodean». En este caso, por el contrario, a la casta sacerdotal se le aplican los peores calificativos. No es de extrañar en este sentido que se haya considerado a Nietzsche portavoz del anticlericalismo y que —por citar un hecho anecdótico local— ciertos grupos anarquistas andaluces editaran, antes de la guerra civil española, una publicación periódica precisamente con el nombre de *El Anticristo,* sin percatarse de que nuestro autor establece un paralelismo entre la psicología del cristiano y la de los partidarios de la Primera Internacional.

Sin entrar en el problema de la originalidad de Nietzsche en cuanto al contenido de esta obra —la originalidad de su estilo se halla fuera de toda duda—, creo que el prologuista está obligado a hacer una somera referencia a la línea de crítica al cristianismo que, partiendo de Hegel, se extiende a lo largo del siglo XIX en círculos fundamentalmente alemanes, educados en el seno de la tradición teológica del protestantismo. Bien es cierto que entre la «teología filosófica» de Hegel y el modo de vida anticristiano pergeñado por Nietzsche —lo que supone tal vez citar los dos extremos históricos de esta corriente de pensamiento— existe una honda oposición; pero también es verdad que hay puntos de contacto que no deben soslayarse. Un ejemplo: la contraposición que hace Hegel entre la misión del Jesús histórico —una forma de vida basada en *el amor*— y la «positividad» del judaísmo, centrado en el concepto de *ley;* se trata de una distinción que el lector encontrará, en cierta medida, en las páginas de *El Anticristo* nietzscheano y cuyo eco seguirá —resonando fuera ya de estos círculos intelectuales— en la diferenciación de Bergson entre «religión abierta» y «religión cerrada».

Hito esencial en este proceso de crítica a la religión al que me estoy refiriendo es el desvelamiento del carácter antropológico de aquélla llevado a cabo por Feuerbach en *La esencia del cristianismo.* «Nuestra tarea —escribe Feuerbach en dicha obra— es demostrar que la distinción entre lo que es humano y lo que es divino no es más que ilusoria, que no es más que la distinción entre la esencia de la humanidad, entre la naturaleza humana y el individuo, y que, por consiguiente, el objeto y la doctrina del cristianismo son humanos y nada más.»

A la luz de la crítica psicofilosófica de Feuerbach, los conceptos teológico-religiosos que pretenden hacer referencia a «realidades» trasmundanas revelan —por decirlo con palabras de Nietzsche— un origen «humano, demasiado humano». Esta forma de entender la religión como la «objetivación» de necesidades primitivas y esenciales del hombre, que en Feuerbach se expresa aún en un discurso característicamente filosófico, entroncará, a mi modo de ver, con los sutiles análisis psicológicos del comportamiento religioso apuntados por Nietzsche y culminará con las sugestivas intuiciones de Freud. Se trata, en suma, de hacer ver la huella del hombre en los conceptos y dogmas religiosos desde una dimensión que recuerda el desvelamiento del carácter antropomórfico de los dioses llevado a cabo por Jenófanes 530 años antes de Cristo. «Los hombres —señaló Jenófanes— creen que los dioses han tenido nacimiento y poseen voz y cuerpo semejante al nuestro. Por esto los etíopes hacen a sus dioses chatos y negros, los tracios dicen que tienen ojos azules y cabellos rojos; incluso los bueyes, los caballos y los leones, si pudieran, imaginarían sus dioses a su semejanza.»

Descubierto el origen humano de los conceptos religiosos y, en concreto, la identificación del concepto de «Dios» con el de «Hombre», el paso siguiente será secularizar la religión, esto es, crear una religión «ilustrada» en la que «la humanidad» ocupe el centro de la veneración reservado en la etapa anterior a la realidad divina. El «sistema» popular de Ruge, «acerca de la religión de nuestro tiempo», que pretende derivarse de la religión del humanismo, cumplida a partir de las religiones históricas, y el posterior intento de Strauss de elaborar una «nueva fe» constituyen dos ejemplos de este nuevo estadio de la crítica religiosa.

Como sabe todo conocedor de la obra de Nietzsche, éste lanzó los afilados dardos de su crítica contra Strauss. ¿Por qué? Entre otras cosas, porque Nietzsche estaba principalmente interesado, no en criticar el cristianismo *en sí,* sino en luchar contra la supervivencia de la religión tradicional bajo nuevas formas —la religión de la humanidad, del Estado, etcétera—. Y es que para nuestro autor la «muerte de Dios» implica la muerte del concepto, esto es, la de toda idea abstracta —como la de «humanidad», por ejemplo— bajo cuya máscara se perpetúa el viejo Dios de la religión tradicional. Ésta es la razón de que, de Kierkegaard a Nietzsche, la crítica a la religión social-institucional aparezca marcada por un profundo acento en el individuo, que, para este nominalismo de nuevo cuño, representa la única realidad.

Ya estamos cerca de Nietzsche, pero antes de llegar a él se hace necesario referirnos a un tercer momento en este proceso histórico de crítica a la religión. Éste es el que personifica Bruno Bauer. Bauer sitúa el origen del cristianismo en la decadencia de la libertad política sufrida por el mundo romano, de acuerdo con una tesis que recuerda al joven Hegel y que anticipa lo definido por Nietzsche en *La genealogía de la moral*. Bauer no trata ya de detectar lo que de humano contiene el cristianismo, en orden a poner al descubierto la falsedad de su origen trasmundano, sino de «probar su *inhumanidad,* su paradójico contraste con todo cuanto le es natural al hombre». La descristianización exigida por Bauer para que el hombre recupere su verdadero ser representa ya una empresa más identificable con lo que posteriormente postulará Nietzsche. Éste verá en las exigencias de la moral cristiana una negación de la satisfacción de los instintos psicobiológicos más hondos y fundamentales, y, en concreto, del instinto de vida. De ahí el carácter nocivo que, para el pensador alemán, representa el cristianismo. El acto de afirmación de la vida se opone radicalmente, pues, al «nihilismo» cristiano, es decir, a la negación de la única vida existente, en aras de una vida ficticia ultramundana.

III

Nietzsche realiza un diagnóstico —y en esto es un autor característicamente decimonónico—: el de condensar en el cristianismo la suma de todos los males modernos, habida cuenta de que éste ha procedido sistemáticamente a desvalorizar el único mundo existente en aras de una realidad «ideal» y, como tal, falsa. El cristianismo aparece, así, como el paradigma de las diferentes formas de idealismo, y si Nietzsche lanza sobre él toda la artillería pesada de su crítica despiadada ello se debe a su permanencia histórica, a su influjo en todas las manifestaciones de la actividad humana, a su honda proyección en las ideologías que configuran los sistemas vigentes de organización social, a la fascinación que ejerce en las conciencias individuales como inspirador de una forma de vida...

No hay duda de que la tarea que Nietzsche se propone acometer es auténticamente gigantesca y que ese gigantismo constituye en buena medida un factor explicativo de las limitaciones del producto resultante. Aquí hay que hacer constar lo sorprendente que puede resultar para el lector de *El Anticristo* la percepción del contraste entre el estilo directo, claro y —cabría decir— divulgador de este libro, y la advertencia que hace el autor en el prólogo de que sólo una minoría puede comprender y aceptar el contenido del mismo. ¿Cuál es, entonces, la grandeza y la servidumbre del proyecto nietzscheano?

El gigantismo de su operación parece claro: se trata de repensar la realidad y la postura del hombre ante ella, de proponer un sistema de valores que, aunque acorde, según Nietzsche, con las exigencias de la vida, choca profundamente con una sensibilidad y unos hábitos hondamente arraigados tras tantos siglos de vigencia y de dominio de la moral cristiana. El problema está en concebir y —lo que es más difícil— en aceptar y asumir individualmente un estilo de vida y una forma de ver las cosas en contra de los instrumentos que habría que usar para ello, esto es, en contra de unas categorías mentales, de un lenguaje y de un sistema de valores profundamente impregnados de cristianismo-idealismo. Ello supone una radical negación, un rechazo sistemático de los modelos de vida y de pensamiento existentes con vistas a la afirmación de los modelos contrarios.

Aquí entra lo que, en cierto modo, se podría considerar la servidumbre de tamaña empresa, es decir, lo que cabría juzgar como una radical limitación del proyecto nietzscheano: la dicotomía no cuestionada de su punto de partida, la necesidad lógica de partir de un maniqueísmo simplista de signo opuesto al vigente desde el que lo que se valora y se afirma *viene condicionado por la negación sistemática y militante de su opuesto,* lo cual no deja de ser cierto, cuando menos, en cuanto a lo que a selección de temas y de aspectos de la realidad se refiere.

No es de extrañar, entonces, que quepa una lectura cristiana de *El Anticristo,* no sólo porque la contraposición nietzscheana entre lo representado por el Jesús histórico y su mixtificación perversa operada por una casta sacerdotal puede ser interpretada como «un redescubrimiento del cristianismo originario» (E. Benz, por ejemplo), sino también porque en la medida en que el modelo de referencia, lo que se trata de negar y combatir, deja su impronta en el modelo alternativo, cabe rebuscar en el presunto nuevo edificio piedras procedentes de las ruinas de la antigua construcción abatida. Parafraseando a Nietzsche y volviendo contra él las armas de su crítica, podría señalarse cuánto hay de cristiano en su sentimiento de veneración ante la vida, en su dogmatismo —que, al igual que el teísmo, no cuestiona su presupuesto básico—, en su visión dualista de la humanidad —en contradicción con su afirmación del pluralismo individual—, en su tendencia a «sacralizar» *una* realidad (la de la vida en el mundo) en detrimento de otras realidades no menos objetivas (la vida del hombre en sociedad y sus correspondientes exigencias) y, en consecuencia, en abandonar, por imposible, todo intento de transformarla, y, por último, como ha señalado Karl Löwith, en su teoría del «eterno retorno», expreso sustituto de la religión en cuanto que ofrece una salida a la desesperación en un intento de llegar a «algo» desde la «nada» [1].

Los límites del pensamiento nietzscheano son, por ello, los mismos que los fijados por el horizonte cristiano, sin que la negación del contenido de éste implique una ampliación del ámbito a abarcar. Nietzsche es consciente de esto y, adelantándose a Wittgenstein, podía haber suscrito que los límites de nuestro lenguaje son los límites de nuestro mundo. A la hora de buscar un modelo de vida para «un futuro que aún está por llegar», Nietzsche se esfuerza en atisbarlo retrotrayéndose a realidades históricas anteriores a la aparición del cristianismo, esto es, a la moral aristocrática de la cultura clásica grecolatina o al intento frustrado de recuperación de ésta emprendido por el Renacimiento. En este sentido, su nombre ha de ser incluido entre quienes desechan la concepción rectilineal y progresista de la historia, propia de la ideología burguesa. Futuro y pasado, apocalipsis y génesis, se unen, pues, en este modelo recuperado por Nietzsche de visión circular. De ahí la ambigüedad que aletea sobre su crítica al cristianismo, la insolidez del fundamento desde el que Nietzsche la hace. Y es precisamente esa ambigüedad lo que da pie tanto para una interpretación sesgada de Nietzsche en términos de una crítica a la superchería cristiana desde los logros alcanzados por la ciencia moderna —y, más concretamente en su caso, por el materialismo psicofisiologista

---

[1] Por cierto que quienes consideran *El Anticristo* como la obra definitiva de Nietzsche debieran preguntarse por qué éste no habla del «eterno retorno de lo idéntico» en este libro, siendo así que el filósofo alemán repitió numerosas veces que ésta era la idea central de su pensamiento.

decimonónico—, como para una visión del mismo —igualmente falsa— en el sentido de propugnar un retorno al idílico paraíso en el que el hombre vivía en una armonía plena con el mundo circundante.

La recuperación de los viejos-nuevos valores supone, para Nietzsche, el reingreso en un «estado de naturaleza» en el que impera «la lucha de todos contra todos», sin que el individuo pueda disponer de otras armas para esa confrontación que aquellas que le confiere su constitución psicofisiológica. Una vida comunitaria sólo es sanamente posible en la medida en que cada uno de sus miembros tome conciencia y asuma en su praxis su realidad psicobiológica individual. La organización social cristiana resulta objetable para Nietzsche porque invierte la discriminación que entre los individuos establece la vida, porque son los débiles y resentidos quienes imponen su código de valores y sus leyes sobre el conjunto de la colectividad.

¿Qué quiere decir esto, por volver a nuestro tema, sino que la crítica de Nietzsche al cristianismo supera los límites de una objeción lanzada contra toda religión institucionalizada y manipulada por una casta sacerdotal; que sus dardos van mucho más lejos y que afectan a los fundamentos racionales» mismos de todo intento de organización social que se esfuerce en nivelar e igualar a individuos psicobiológicamente diferentes?

IV

El anticristianismo de Nietzsche equivale pues, al desenmascaramiento de una huida de la realidad provocada por la debilidad de la mayoría de los seres humanos, que tiene dos consecuencias nocivas: la negación de la vida y la afirmación de la igualdad de todos los hombres. Lo primero es propio de toda filosofía que, desde Sócrates, interpreta lo sensible, mundano y terreno, lo que el cuerpo percibe, a la luz de las «ideas»,

15

de un mundo supraterreno, «verdadero» y auténtico. La novedad y el peligro del cristianismo vienen determinados por el hecho de que éste es un idealismo vulgarizado, un «platonismo para el pueblo», divulgado e introyectado en las conciencias de todos los hombres. Lo segundo, aunque está formalmente contenido en la idea cristiana de que todos los hombres somos «hijos de Dios», constituye una idea «moderna», sistematizada y difundida por los ideólogos del liberalismo burgués y del socialismo proletario. En suma, lo que Nietzsche maldice en *El Anticristo* es el idealismo escapista y el igualitarismo social, esto es, los mecanismos de defensa de los débiles que mediante la invención de la moral tratan de preservarse de los fuertes y de elevar a la categoría de criterio de valoración la medida de su propia y personal inferioridad.

En el caso concreto del cristianismo, Nietzsche —inspirándose en las ideas de Julius Wellhausen— desenmascara la acción manipuladora de textos llevada a cabo primero por sacerdotes judíos sobre la verdadera historia de Israel y después por san Pablo sobre la base de la deformación malintencionada y perversa del Jesús histórico. Este último es presentado por Nietzsche en *El Anticristo* como un «idiota», en el sentido del arquetipo descrito por Dostoievski, es decir, como «una mezcla de sublimidad, enfermedad e infantilismo», como un sujeto incapaz de oponer resistencia a nada —incluido el mal—, que vive a impulsos del amor indiscriminado, que se encierra en su propia intimidad gozosa a la que llama «reino de Dios», y que se abstiene de juzgar y de culpabilizar a nadie, en una actitud totalmente ajena a la fundación de cualquier tipo de sociedad organizada. Para Nietzsche, entonces, el auténtico fundador de la Iglesia, su ideólogo fundamental, es san Pablo, quien, continuando la obra de deformación y de falsificación históricas emprendidas anteriormente por la clase sacerdotal judía, inventa un nuevo tipo de Jesús, completamente opuesto al original.

El Cristo que sale de las manos de san Pablo es un ser que afirma su «verdad» con milagros, un fanático que premia y que castiga desde el núcleo de su resentimiento y de su odio, un ser que promete a quienes le sigan fielmente una vida feliz más allá de la muerte y que condena a sus enemigos al fuego y a las tinieblas eternos. Con ello, los valores de la decadencia se imponen sobre la afirmación de la vida y de la voluntad de poder, el aristocratismo del *ethos* grecolatino sucumbe bajo el impulso de unos instintos corrompidos, del odio y del resentimiento de los mediocres, que convierten su necesidad en virtud.

Lógicamente el lector de *El Anticristo* se preguntará cómo es posible esta imposición tan profunda y tan prolongada históricamente de los débiles sobre los fuertes, esta negación tan sostenida de los impulsos vitales, presuntamente poderosos e intensos. Y lo cierto es que no hallará en Nietzsche una respuesta explícita y convincente a tan comprensible pregunta. Nuestro autor se limita a apuntar que los débiles son más ingeniosos y, sobre todo, muy superiores en número en relación a los fuertes. El individuo superior aparece, así, como la excepción afortunada de una humanidad enfermiza y proclive al autoengaño y a todo movimiento que esgrima como bandera el ir en contra de la naturaleza y de la vida. Dicho de otro modo, si la acción falsificadora y predicadora del escapismo idealista por parte de la clase sacerdotal obtiene un éxito tan rotundo y duradero, ello se debe a que se encuentra con un terreno abonado, a que la inmensa mayoría de la humanidad se halla predispuesta a aceptar sus falaces palabras y sus valores antinaturales. Esto es lo que hace que la inversión de los valores morales sólo pueda ser entendida, asumida y llevada a la práctica por una minoría o tal vez por unos hombres que aún están por nacer.

¿Es desencaminado ver en esta corrupción de los instintos que afecta a toda la humanidad una presencia más de elementos cristianos en la obra de Nietzsche, una supervivencia en este caso de la doctrina del «pecado original»? Jaspers, al menos, se ha esforzado en demostrar que la posibilidad de una visión de conjunto de la historia universal es de origen cristiano y que con esta misma visión se relaciona la concepción del hombre como un ser corrompido, que es una noción cristiana, lo mismo que la creencia en la posibilidad de salvación.

En cualquier caso, esta extraordinaria debilidad tan sumamente generalizada obligaría a investigar los elementos y factores que la han determinado, y, en el intento de responder a la cuestión, cabría apelar a las condiciones de precariedad que caracterizan a la condición humana radical, condición que impele al hombre a elaborar explicaciones que relacionen cuestiones tan duras de afrontar como el dolor y la muerte. El problema básico aquí es determinar si tales explicaciones se han de hacer *necesariamente* al precio de negar la realidad; si el hombre sólo puede aspirar a la felicidad ilusoria que le ofrece el aparente cobijo de un sistema de «mentiras piadosas». Ciertamente no es muy reconfortante derribar ídolos protectores si no se analizan conjuntamente las condiciones que determinan que el hombre se autoengañe en la veneración de tales ídolos. Nietzsche da una respuesta a esta cuestión al referirse a la debilidad psicofisiológica individual, pero ello no impide que sigamos preguntando por las condiciones *sociales* que favorecen y determinan la aceptación de ideologías ficticias y presuntamente consoladoras. He aquí una de las principales lagunas de nuestro autor, laguna que no cabe rellenar desde la visión nietzscheana de las posibles formas de organización social en términos de una alternativa entre una rígida e inmovilizada jerarquización social, de acuerdo con los cánones impuestos por las diferencias psico-biológicas de los individuos, y una sociedad de rebaño, indis-criminadora de las individualidades, liderada por los maestros de la mentira, del odio y del resentimiento.

Por otra parte, el desvelamiento de la falsedad del idealismo cristiano desde el individualismo radical e insolidario de Nietzsche corre el riesgo de incrementar la debilidad generalizada de los seres humanos, a quienes se les exige un endurecimiento respecto a sí mismos y a los demás, en una prueba de fuerza que determina la medida de su grandeza, Nietzsche siente que la contradicción íntima del individuo reside en que, a la vez que afirma su individualidad, ésta no tiene realidad ni poder sin sumergirse en el océano de la vida orgánica, e incluso reabsorbiéndose totalmente en ella. De este modo, la angustia expresa la paradoja de la existencia individual, paradoja que constituye el mayor y el más insondable de los misterios, habida cuenta de que *lo real* son, en primer lugar, las fuerzas cósmicas, potencias tenebrosas, que se manifiestan en la vida y en los instintos.

La angustia es, pues, el sentimiento del conflicto absoluto e insondable por el que el existente se halla triturado. Desde los postulados de nuestro autor, nada parece en absoluto garantizar la posibilidad de que el hombre llegue a ser auténticamente feliz, tras el desenmascaramiento de una felicidad ficticia. Lo que la crítica decimonónica a la religión lega a nuestro siglo se halla demasiado marcado por el sentimiento de incapacidad del huérfano a quien la muerte del Dios Padre sume en un estado de fatal postración. Soledad, incomunicación con los demás, angustia ante el absurdo de la existencia individual parecen ser los efectos generados por el derrumbamiento del edificio religioso.

Nietzsche supera el problema de la felicidad que antes apuntaba situando a su hombre superior en unas alturas a las que ya no afecta la dicotomía placer-dolor. Aún más, contradiciendo el punto de partida indubitable de la reflexión ética de Aristóteles, el autor de *El Anticristo* niega que el hombre tienda a la felicidad, lo que le permite sostener que la angustia del individuo frente a las fuerzas cósmicas no representa la frustración de una tendencia a un estado de dicha que resulte inalcanzable. La crítica a la religión no significa, en suma, la sustitución de una felicidad ilusoria por otra posible, auténtica e intramundana. Y es aquí precisamente donde, a mi juicio, radica la limitación de Nietzsche para comprender la fascinación que la mentira predicada por la clase sacerdotal ejerce sobre las conciencias individuales: el no ver que el hombre aspira a ser feliz y que la debilidad generada por la dificultad de afrontar el dolor y la muerte representa la explicación de su entrega en brazos de cualquier ideología consoladora aunque ficticia que garantice la no frustración de una tendencia tan hondamente arraigada. La cuestión estaría, pues, en preguntar si la denuncia del carácter engañoso de la felicidad prometida por el idealismo cristiano supone *necesariamente* asumir la imposibilidad de que el hombre llegue a ser auténticamente dichoso.

V

Esta última cuestión permite la referencia a la crítica a la religión emprendida por el joven Marx, otro de los momentos claves del movimiento anticristiano en el seno de la llamada izquierda hegeliana. La actitud que adopta respecto al problema con el que cerraba el apartado anterior puede ser ilustrada con esta cita sacada de su *Contribución a la crítica de la filosofía del Estado de Hegel:* «La verdadera felicidad del pueblo exige que la religión sea suprimida en cuanto felicidad ilusoria del pueblo. Exigir que se renuncie a las ilusiones que se refieren a nuestra propia situación es exigir que se renuncie a una situación que necesita ilusiones. La crítica de la religión es, pues, en germen, la crítica de ese valle de lágrimas, del que la religión es la aureola... La crítica de la religión desilusiona al hombre, para que piense, actúe y forme su realidad como un hombre que ha pasado a ser razonable, para que se mueva en torno a sí mismo y, por consiguiente, en torno a su verdadero sol. La religión no es más que el sol ilusorio que se mueve en torno al hombre, en cuanto que éste no se mueve en torno a sí mismo.» En consecuencia, la superación de la felicidad ilusoria es, desde un punto de vista positivo, la exigencia de la felicidad intramundana.

La crítica a la religión no pasa de ser, para Marx, un asunto exclusivamente teórico si no va acompañada de la crítica y de la eliminación de las condiciones sociales que posibilitan la utilización de la religión como «opio» adormecedor de unas masas oprimidas por una minoría dominante. Más que el carácter antropológico en abstracto que Feuerbach detecta en los dogmas religiosos, Marx ve en ellos el reflejo de una situación social en la que se perpetúa la explotación de unos hombres por otros.

Este carácter de instrumento de dominio de una minoría sobre una masa, que ha significado, sin lugar a dudas, una de las manifestaciones sociales fundamentales del cristianismo a lo largo de siglos, no es en modo alguno objeto de crítica para Nietzsche. Adviértase que lo que éste critica no es que la clase sacerdotal domine, sino que su dominio se base en la mentira, en el resentimiento y en el odio del débil. Paralelamente, la muerte de Dios es vista por Nietzsche como el fin de una ilusión ficticia cuya peligrosidad, como se ha dicho, reside en su oposición radical a las exigencias de la vida, en su sacralización de la debilidad del decadente. Nunca ve Nietzsche que el Dios que ha muerto puede implicar también el fin de la proyección trasmundana y eterna del concepto del amo y de señor arbitrario y despótico. Aún más, en ocasiones parece añorar la pérdida de esta noción de Dios, degenerada en el Dios decadente de los pobres y de los humildes. En suma, la inversión de los valores exigida por Nietzsche puede ser interpretada como una mutación radical de los fundamentos desde los que se ejerce el dominio, y no como una supresión de éste sobre la base de una transvaloración del idealismo que suponga «poner del revés» las condiciones sociales que lo generaron.

Invirtamos, con todo, los fundamentos del dominio, esto es, las condiciones que serían exigibles para considerar a un hombre superior, el sistema de valores que habría de imperar para que dicho dominio respondiera a las exigencias derivadas de la afirmación de la vida. ¿Serían entonces esas individualidades excepcionales conductoras de la debilidad humana masificada, gregaria e impotente para guiarse por sí misma? Bien es cierto que los ejemplos históricos a los que Nietzsche recurre para ilustrar su concepto de hombre superior permiten apoyar la afirmación de que éstos serían los efectos sociales que se seguirían de la inversión de todos los valores a la que nos convoca el filósofo alemán. Pero —una vez más— su planteamiento es ambiguo. No hallamos en Nietzsche un tratamiento a fondo de las relaciones sociales posibles entre fuertes y débiles. Y ello porque la descripción de unos en base a la negación de las características de los otros impide especificar la dimensión exacta de su relación. Si los débiles tienden al gregarismo, los fuertes buscan la soledad; su virtud fundamental es la magnanimidad del héroe clásico, la «virtud dadivosa» que se desborda a consecuencia de su plenitud; nunca la explotación mezquina y utilitaria de quien utiliza su situación de privilegio para aprovecharse de la inferioridad ajena. El egoísmo ensalzado por Nietzsche no tiene nada que ver con el interés ruin del explotador económico, y precisamente es la compasión por los dolores de los débiles —con su radical efecto debilitador— la mayor tentación que asalta a los fuertes.

Uno de los efectos de la inversión de todos los valores propuesta por Nietzsche —la aceptación plena de la realidad sin mixtificarla con conceptos idealistas— es el rechazo de la culpabilidad que los débiles pretenden atribuir a los fuertes. Nietzsche destaca que estos últimos no son culpables de la miseria de los débiles y que su felicidad no puede verse empañada por el intento, movido por el resentimiento, de imputarles un sufrimiento del que no son responsables. Por otra parte, el fuerte no necesita al débil, sino a la inversa, pues su voluntad de poder no implica que éste desee o que apetezca algo que le es ajeno o que le trascienda. A ello hay que añadir que, a la luz de los textos, resulta muy difícil sostener que Nietzsche defienda el hecho de que se perpetue la actual situación de explotación, habida cuenta de que ésta se encamina a conservar y a autorreproducir el estado de cosas existente.

Con todo, a estas alturas estamos ya en el terreno de la pura interpretación subjetiva de los textos nietzscheanos. Ciertamente éstos no sólo resultan poco explícitos sino que aparecen transidos de muchas ambigüedades, lo que da pie a la lectura interesada y partidista del ideólogo de turno. A mi modo de ver, la cuestión radica aquí en preguntar si tamaña inversión de todos los valores conduce a un viejo-nuevo orden social basado en la jerarquización más rígida, o si, por el contrario, su efecto es generar una disgregación social a gran escala que imposibilite toda forma de vida humana comunitariamente organizada. Ésta —como ha subrayado el psicoanálisis, entre otros— parece exigir la represión de determinados instintos, condición a la que es básicamente ajeno el cristianismo como religión institucionalizada. En última instancia, el problema remite no tanto a tener que optar dicotómicamente por la alternativa *instintos* o *sociedad organizada,* cuanto a especificar un sistema de valores a cuya luz quepa discriminar qué instintos han de ser potenciados y cuáles hay que reprimir y sublimar.

En cualquier caso, es patente que la crítica y el intento de superación de una religión cuyos valores han actuado durante siglos como factores de cohesión social en el seno de diferentes comunidades, debe ir acompañada de una determinación de la nueva instancia sustitutoria a la que habría que recurrir para proceder a la correspondiente reorganización de la vida humana en sociedad. Desde los albores del socialismo utópico se consideró que la investigación científica de la historia social podía suministrar las bases objetivas de semejante revolución socio-política. La crítica nietzscheana a la ciencia moderna cerraba el camino a la viabilidad de dicho proyecto. La «gran política» predicada por Nietzsche suponía la creación de unas formas de vida y de unos valores que posibilitaran el advenimiento del superhombre, la aniquilación de todas aquellas instituciones encaminadas a difuminar las jerarquizadoras diferencias existentes entre los individuos. Positivamente, dicha «gran política» exhortaba a seleccionar y a adiestrar experimentalmente a todos y a cada uno de los individuos sobre la base de la aceptación primordial de la doctrina del eterno retorno de lo idéntico.

En suma, para la inversión de todos los valores, Nietzsche apeló a aquellos individuos que estuvieran menos contaminados por el gregarismo imperante y no lo bastante ciegos por la concepción falseadora del idealismo cristiano. Cabía, empero, contactar desde un ángulo político la crítica a la religión falseadora del idealismo cristiano con el creciente ascenso del espíritu nacionalista alemán. Huelga decir que a tal posibilidad no le faltaron adeptos. Lagarde, por ejemplo, en el mismo año en que Nietzsche publicaba la primera de sus *Consideraciones intempestivas,* establecía el diagnóstico de que el perjuicio fundamental de la Iglesia cristiana consistía en haber aceptado el principio judío, que se atiene a lo ya acontecido o pasado, en lugar de poner como meta de la vida religiosa lo que siempre vuelve a acontecer, es decir, lo que está eternamente presente. Con ello, la crítica al cristianismo pasaba a ser una depuración de sus elementos judaicos, en clara consonancia con el antisemitismo de la época, a la vez que se exhortaba a la creación y potenciación de una «religión nacional» inspirada en el cristianismo evangélico y en «las cualidades nacionales del espíritu alemán», bien entendido que «lo alemán» incluía solamente la mitología germánica de Grimm, la independencia del espíritu, el amor a la soledad y la originalidad de los individuos. ¿Es preciso hacer ver que críticas al cristianismo como ésta ejercieron una considerable influencia en las autoridades religiosas del tercer *Reich,* quienes, manipulando a su vez mil años de historia germánica, trataron de reducir el espíritu evangélico a una «devoción» específicamente alemana?

ENRIQUE LÓPEZ CASTELLÓN

PRÓLOGO

Este libro está dedicado a una minoría; quizá no hayan nacido aún aquellos a quienes va dirigido. Esos tales serán los que comprendan mi *Zaratustra*. ¿Cómo me voy a mezclar yo con aquellos autores a los que ya hoy se les tiene en cuenta? Sólo un futuro remoto me pertenece. Hay quien nace póstumo.

Sé muy bien qué requisitos han de reunir los que me pueden entender; quienes los posean me han de entender *necesariamente*. Sólo para soportar mi austeridad y mi pasión han de ser honrados hasta la dureza respecto a las cosas del espíritu. Han de estar habituados a vivir en la cumbre de los montes, a ver bajo sus pies toda esa despreciable charlatanería de hoy relativa a la política y al egoísmo de los pueblos. Han de haberse vuelto indiferentes; no han de preguntar nunca si la verdad es útil, si puede llegar a convertirse en una fatalidad para alguien. Han de sentirse gustosamente fuertes ante problemas que hoy nadie se atreve a afrontar, valientes ante lo *prohibido,* predestinados a entrar en el laberinto. Han de haber experimentado la más profunda soledad; han de tener unos oídos nuevos para escuchar una música nueva, unos ojos nuevos para vislumbrar lo más lejano, una conciencia nueva para captar verdades que hasta hoy han permanecido sumidas en el silencio. Y una voluntad de ahorrar de gran estilo: concretar toda su fuerza, todo su *entusiasmo,* el respeto a sí mismo, el amor a sí mismo, la libertad más absoluta frente a sí mismo.

Sólo esos tales son mis auténticos lectores, los lectores que me están predestinados. ¿Qué me importan los demás? Los demás no son más que humanidad, y hay que superar a la humanidad en fortaleza, en *altura* de espíritu y en desprecio.

EL ANTICRISTO

1

Mirémonos a nosotros mismos frente a frente. Somos hiperbóreos [1]; sabemos perfectamente lo alejados que vivimos de los demás. «Ni por tierra ni por mar hallarás el camino que conduce adonde están los hiperbóreos.» Cuando Píndaro escribió esto, se refería a nosotros. Nuestra vida y nuestra felicidad se hallan más allá del norte, de los hielos y de la muerte. Nosotros hemos descubierto la felicidad, conocemos el sendero que lleva hasta allí; hemos dado con la salida del laberinto que se extiende a través de millares de años. ¿Qué otro la hubiera podido encontrar? ¿El hombre moderno tal vez? El hombre moderno suspira y dice: «No sé qué hacer, soy la esencia del no saber qué hacer.» Nuestra enfermedad es *esa* modernidad, esa paz ambigua, esa aceptación cobarde, toda esa virtuosa suciedad que caracteriza al sí y al no modernos. Esa tolerancia y esa generosidad que todo

---

[1] *Hiperbóreos*: Se aplica a los pueblos, animales y plantas que viven en zonas muy septentrionales. *(Nota del Traductor.)*

ello «perdona» porque lo «comprende» todo es para nosotros como el siroco. ¡Vale más vivir entre los hielos que entre esas virtudes modernas y demás vientos del sur! Hemos sido lo bastante valientes, no hemos tenido consideración ni con nosotros mismos ni con los demás; pero durante mucho tiempo no hemos sabido qué hacer con nuestra valentía. Nos hemos vuelto sombríos, nos han llamado fatalistas. Nuestro destino era la plenitud, la tensión, la concentración de fuerzas. Teníamos sed de rayos y de acciones; nos hemos mantenido bien lejos de la felicidad de los débiles, de la «resignación»... Nuestra atmósfera estaba cargada de tormenta; nuestra naturaleza se oscurecía, porque no disponíamos de ningún camino. He aquí la fórmula de nuestra felicidad: un sí, un no, una línea recta, una meta.

2

¿Qué es lo bueno? Todo lo que eleva en el hombre el sentimiento de poder, la voluntad de poder, el poder en sí.

¿Qué es lo malo? Todo lo que hunde sus raíces en la debilidad.

¿Qué es la felicidad? Sentir que *aumenta* nuestro poder, que superamos algo que nos ofrece resistencia.

No es el vivir en paz, sino el obtener más poder; *no* es la paz por encima de todo, sino la guerra; no es la virtud; sino la fuerza (la virtud a la manera del Renacimiento, la *virtù,* la virtud sin moralina).

El primer principio de nuestro amor a los hombres es que los débiles y los fracasados han de perecer, y que además se les ha de ayudar a que perezcan.

¿Qué es lo que hace más daño que cualquier tipo de vicio? La compasión traducida en actos hacia los fracasados y los débiles: es decir, el cristianismo.

El problema que planteo no es qué ha de reemplazar a la humanidad en la escala de los seres (el hombre es un *final*), sino qué tipo de hombre debemos *criar,* debemos *querer,* por ser el tipo más válido, más digno de vivir, con mayores garantías de futuro.

Ese tipo de hombre superior se ha dado ya en muchas ocasiones, pero como un azar feliz, como una excepción, nunca como algo *buscado.* Cabe decir más bien que ese tipo de hombre superior ha sido precisamente aquello a lo que más se ha temido; hasta hoy ha sido prácticamente lo temible por definición, y ese temor es lo que ha hecho que se buscara, que se criara y que se *consiguiera* el tipo contrario: el animal doméstico, el animal de rebaño, ese animal enfermo que es el hombre de hoy: el cristiano.

La humanidad *no* representa, tal y como hoy se cree, una evolución hacia algo mejor, más fuerte, más elevado. El «progreso» no es más que una idea moderna, y por consiguiente una idea falsa. El europeo de hoy continúa estando, en cuanto a su valor, muy por debajo del europeo del Renacimiento. Evolucionar hacia el futuro *no* significa, por definición y en virtud de una especie de necesidad, elevarse, realzarse, fortalecerse.

Por el contrario, se puede observar que, en puntos muy distintos de la tierra y surgiendo del seno de las más diferentes culturas, aparecen continuamente casos excepcionales. Tales casos constituyen un *tipo superior* que, de hecho, se presenta a sí mismo sin más; que, respecto al conjunto de la humanidad, es una especie de superhombre. Esos casos afortunados extraordinariamente logrados han sido siempre posibles, y tal vez continúen siéndolo siempre. En especiales circunstancias, esa *buena suerte* puede afectar a generaciones, a estirpes, a pueblos enteros.

5

El cristianismo no admite disculpas, y, en consecuencia, no debemos cubrirlo de adornos. Ha hecho una *guerra a muerte* a ese tipo *superior* de hombre, ha condenado todos los instintos principales que le caracterizan: ha extraído de esos instintos, mediante la oportuna destilación, el mal, *el* hombre malo. El hombre fuerte ha sido considerado como el prototipo de hombre reprochable, como el «hombre réprobo». El cristianismo se ha puesto de parte de todo lo débil, de todo lo bajo, de todo lo fracasado: ha convertido en un ideal la *oposición* a los instintos tendentes a conservar la vida fuerte; ha echado a perder hasta la razón de las naturalezas más fuertes intelectualmente [2] al inducirnos a que consideremos que los valores supremos de la intelectualidad son algo pecaminoso, algo que descarría, una *tentación*. El ejemplo más lamentable es Pascal, quien creía que su razón estaba corrompida por culpa del pecado original, cuando por lo que lo estaba era precisamente por su cristianismo.

6

¡Qué doloroso y sobrecogedor es el espectáculo que se ha ofrecido a mis ojos! He descorrido el velo que ocultaba la *corrupción* del hombre. En mi boca esa palabra está libre de la sospecha de implicar una diatriba moral contra el ser humano.

---

[2] La traducción literal del término usado por Nietzsche es «espiritualmente», pero por tener este vocablo posibles connotaciones religiosas en el lector en castellano, hemos preferido traducirlo por «intelectualmente». *(N. del T.)*

Yo la considero —insisto una vez más— *tan exenta de toda moralina*, que donde aprecio con más intensidad esa corrupción es precisamente allí donde hasta ahora se ha aspirado con mayor conciencia a la «virtud» y a la «divinidad». Resulta claro que entiendo la corrupción en términos de decadencia. Mi tesis es que todos los valores en los que cifra hoy la humanidad sus deseos más elevados son valores de decadencia.

Considero que un animal, una especie o un individuo están corrompidos cuando dejan de lado sus instintos, cuando escogen, cuando *prefieren* lo que les es nocivo. Una historia de los «sentimientos superiores», de los «ideales de la humanidad», que tal vez algún día tendré que escribir, equivaldría más o menos a explicar por qué el hombre ha llegado a corromperse hasta este extremo.

La propia vida es para mí el instinto de crecer, de permanecer, de acumular fuerzas, de poder. Cuando no existe voluntad de poder lo que se da es decadencia. Yo sostengo que todos los valores supremos de la humanidad carecen de esa voluntad, que los valores que hoy dominan, arropados por los nombres más santos, son los valores propios de la decadencia, los valores del nihilismo.

7

Al cristianismo se le ha llamado religión de la misericordia o de la compasión. Ahora bien, la compasión se opone totalmente a los afectos tonificantes que elevan la energía del sentimiento vital: genera un efecto depresor. Perdemos fuerza cuando nos compadecemos de alguien. Con la compasión aumentamos y multiplicamos todavía más la pérdida de fuerza que ya de por sí confiere el dolor a la vida. El padecer se vuelve contagioso a causa del compadecer, y, en determinadas ocasiones, puede producir la pérdida total de la vida y de la energía vital, lo cual resulta absurdamente desproporcionado en relación con la nimiedad de la causa (como es el caso de la muerte de Jesucristo).

Ésta es una primera forma de ver las cosas, pero hay otra más importante aún. Si consideramos la compasión desde la perspectiva del valor de las reacciones que suele provocar, veremos más claramente aún su carácter nocivo respecto a la vida. La compasión pone trabas a esa ley de la evolución que es la *selección*. Conserva lo que ya está maduro para perecer; constituye una resistencia que milita a favor de los desheredados y de los sentenciados de la vida. A causa del gran número y de la gran variedad de cosas fracasadas que *conserva* en la vida, confiere a ésta un aspecto sombrío y dudoso. No sólo se ha cometido el atrevimiento de incluir la compasión entre las virtudes (a pesar de que toda moral *aristocrática* la considera una debilidad), sino que se ha pensado incluso que constituye *la* virtud por excelencia, el fundamento y el origen de todas las virtudes. No olvidemos, sin embargo, que ello se ha hecho —tengámoslo muy presente— desde el punto de vista de una filosofía nihilista, cuyo lema era la *negación de la vida*. Schopenhauer tenía razón al decir que la compasión niega la vida, que *la hace más digna de ser negada;* la compasión es la *puesta en práctica* del nihilismo.

Digámoslo una vez más: este instinto depresor y contagioso pone trabas a todos los instintos que tienden a conservar y a elevar el valor de la vida. Al *multiplicar* la miseria y *conservar* todo lo miserable, significa uno de los principales instrumentos para incrementar la decadencia. La compasión nos incita a entregarnos a la nada... Bien es cierto que no se habla de «la nada», sino más bien del «más allá», de «Dios», de «la vida verdadera», o del nirvana, de la redención, de la bienaventuranza... Esta inocente retórica, surgida del seno de la idiosincrasia ético-religiosa, se revela *mucho menos inocente* cuando descubrimos cuál es la tendencia que aparece aquí envuelta por un manto de palabras sublimes: *la hostilidad a la vida*. Schopenhauer era enemigo de la vida, y por *ello* consideraba que la compasión es una virtud.

Como es sabido, Aristóteles pensaba, por el contrario, que la compasión es un estado enfermizo y nocivo, al que hay que combatir de vez en cuando por medio de un purgante; según él, la tragedia constituye ese purgante. Para fomentar el instinto de vida habría que encontrar la forma de pinchar ese enfermizo y nocivo cúmulo de compasión que representa el caso de Schopenhauer (y desgraciadamente también el de toda nuestra decadencia literaria y artística, desde San Petesburgo a París, desde Tolstoi a Wagner), a fin de que *reviente*. No hay nada más insano, en nuestra ya poco sana modernidad, que la compasión cristiana. A nosotros nos toca hacer *aquí* de médicos, ser implacables, hacer uso del bisturí. Ésta es la forma que tenemos *nosotros* de amar a los hombres; así es como somos filósofos nosotros los hiperbóreos.

8

Hay que decir a *quienes* consideramos que están en contra nuestra: los teólogos y todo lo que tiene en sus venas sangre de teólogo, toda nuestra filosofía... Hay que haber visto la fatalidad de cerca, mejor aún, hay que haberla experimentado en uno mismo, hay que haber estado a punto de perecer por ella, para darse cuenta que esto no tiene ya nada de broma. (La libertad de pensamiento de nuestros científicos es para mí una *broma:* les falta apasionarse por estas cosas, *padecer* a causa de ellas.) Esta intoxicación llega más lejos de lo que se cree; yo he vuelto a descubrir la soberbia, ese instinto que caracteriza a los teólogos, en todos aquellos ámbitos en los que el hombre de hoy se considera «idealista», en todos aquellos ámbitos en los que la gente, apelando a su origen superior, exige el derecho a mirar la realidad desde una posición superior y ajena. Al igual que el sacerdote, el idealista tiene en su mano (y no sólo en su mano) todos los grandes conceptos, los contrapone, con un tolerante desprecio, al «intelecto», a los «sentidos», a los «honores», al «bienestar», a la «ciencia»; ve todas esas cosas *bajo* sus pies y considera que son fuerzas nocivas y seductoras, por encima de las cuales se extiende el «espíritu», entendido como un para sí puro. ¡Como si la humildad, la castidad, la pobreza, en una palabra, la santidad no hubieran hecho hasta hoy un daño a la vida increíblemente mayor que todos los horrores y que todos los vicios! El espíritu puro es pura mentira. Mientras se siga considerando que ese negador, calumniador, envenenador *profesional* de la vida que es el sacerdote, constituye un tipo superior de hombre, no habrá respuesta a la pregunta: ¿qué es la verdad? Cuando se piensa que el representante de la «verdad» es ese apologista a sabiendas de la nada y de la negación, se ha invertido ya la verdad.

9

Yo combato ese instinto que caracteriza a los teólogos: por todas partes he descubierto su impronta. Aquel por cuyas venas corre sangre de teólogo adopta ya de antemano frente a todo una postura falsa e insincera. Llama *fe* al *pathos* que emana de esa postura: el que cierra los ojos, de una vez para siempre, ante sí mismo para no tener que soportar la visión de una falsedad incurable. De esa óptica defectuosa respecto a todo extrae la gente una moral, una virtud, una santidad; relaciona la *buena* conciencia con el hecho de ver las cosas *falsamente*. Exige que ya no tenga valor ninguna *otra* clase de óptica, después de haber sacralizado la propia con los nombres de «Dios», «redención», «eternidad». En todos los sitios he seguido desenterrando el instinto que caracteriza a los teólogos, esa forma de false-dad tan extendida por toda la faz de la tierra, esa forma auténti-camente subterránea. Lo que un teólogo considera verdadero es falso *por necesidad;* esto es casi un criterio de verdad. Su ins-tinto de conservación más arraigado le impide honrar la reali-dad o prestarle atención, en cualquier punto. Allí donde se da la influencia de los teólogos, el *juicio de valor* se encuentra tras-tocado, los conceptos de «verdadero» y «falso» se hallan nece-sariamente invertidos; se considera, así, «verdadero» lo que más perjudica a la vida, y «falso» lo que la eleva, acentúa, afir-ma, justifica y la hace triunfar. Y cuando los teólogos extienden la mano hacia el *poder,* a través de la «conciencia» de los prín-cipes (o de los pueblos), no hay duda de lo que sucede: es la voluntad de fin, la voluntad *nihilista* la que trata de hacerse con el poder.

10

En Alemania me entienden en seguida cuando afirmo que la sangre de teólogos ha corrompido a la filosofía. El pastor pro-testante es el abuelo de la filosofía alemana, y el propio protes-tantismo su pecado original. El protestantismo puede ser defi-nido como un cristianismo que tiene un lado paralítico, además de la razón. No hay más que recordar el «Seminario de Tubin-ga» para comprender lo que es, en esencia, la filosofía alemana: una teología *embustera.* Los mejores embusteros de Alemania son los suabos; mienten inocentemente. ¿Por qué se produjo una alegría, al aparecer Kant, en el mundillo de los intelectua-les alemanes, compuesto en sus tres cuartas partes por hijos de pastores alemanes y de maestros? ¿A qué se debió el convenci-miento de los alemanes, cuyo eco llega a nuestros días, de que con Kant se iniciaba un cambio hacia algo *mejor*? El instinto de teólogo, presente en todo profesor alemán, captó *qué* era lo que volvía a ser posible a partir de ese momento. Había quedado abierto otro camino hacia el viejo ideal. El concepto de «mundo verdadero» y la idea de que la moral es la *esencia* del mundo (los dos errores más nocivos posibles) volvían a ser otra vez, si no demostrables, al menos irrefutables, merced a un escepticismo astutamente sutil. La razón, el *derecho* de la razón, no tiene tanto alcance... La realidad se convertía en «apariencia», y ese mundo completamente *falso* del ser en sí se trocaba en la realidad. El éxito de Kant era un triunfo más de los teólogos. Al igual que Lutero y que Leibniz, Kant no fue sino un embargo más de la honradez alemana, nada sólido de por sí.

11

Quiero decir algo más contra el Kant *moralista*. Una virtud ha de ser invención *nuestra,* una defensa y una necesidad muy personal *nuestra.* Si se la considerase de otro modo, no sería más que un peligro. Todo lo que no sea condición de nuestra vida la *perjudica;* una virtud que se practica exclusivamente por respeto al concepto de «virtud», como pretendía Kant, es nociva. La «virtud», el «deber», el «bien en sí», el bien interpretado en términos de impersonalidad y de validez universal son engaños del cerebro en los que se manifiestan la decadencia, la debilitación última de las fuerzas de la vida, las sombras chinescas del filósofo de Könisberg. Lo que mandan las leyes más profundas de la conservación y del crecimiento es precisamente lo contrario: que cada cual se invente *su* virtud, *su* imperativo categórico. Un pueblo desaparece como tal cuando confunde *su* deber con el concepto de deber en general. No hay nada más hondo e íntimamente destructor que los deberes «impersonales», que los sacrificios ofrecidos al dios Moloch de la abstracción. Es asombroso que nadie se haya percatado de lo *peligroso* que resulta *para la vida* el imperativo categórico de

Kant. Sólo le podía dar buena acogida el instinto que caracteriza a los teólogos. Un acto realizado a impulsos del instinto de vida demuestra que es una buena acción por el placer que le acompaña; pero ese nihilista que tenía un corazón dogmático-cristiano consideró que el placer representa una objeción. ¿Hay algo que destruya más rápidamente que trabajar, pensar y sentir, sin una necesidad interior, sin una elección íntima y personal, sin experimentar ningún *placer,* como un autómata del «deber»? Ésta es precisamente la receta para provocar la decadencia e incluso la idiotez. Kant se volvió idiota, ¡y eso que era contemporáneo de Goethe! Sin embargo, se consideró y se sigue considerando que esa fatídica araña es el filósofo *alemán* por excelencia. No voy a decir lo que pienso de los alemanes. ¿Acaso no consideró Kant que la Revolución francesa supuso el tránsito de la forma inorgánica del Estado a la forma orgánica del mismo? Kant se preguntó si se ha dado un acontecimiento que no se pueda explicar más que apelando a una presunta inclinación moral de la humanidad cuya existencia *demostrará* de una vez por todas que ésta «tiende al bien». Para Kant, este acontecimiento es «la Revolución». El instinto que se equivoca en todas y cada una de las cosas, el instinto que se opone a la naturaleza, la decadencia alemana traducida en términos de filosofía: eso es Kant.

12

A excepción de unos cuantos escépticos, que son el único tipo de filósofos respetable de cuantos figuran en la historia de la filosofía, el resto no responde a las más mínimas exigencias de la honradez intelectual. Les sucede lo que a las mujeres: todos esos grandes visionarios, esos animales de leyenda, consideran que los «bellos sentimientos» constituyen ya de por sí un argumento, que el «pecho erguido» es un fuelle de la divinidad, que el convencimiento equivale a un criterio de verdad. En su última etapa, también Kant, con inocencia «alemana», trató de conferir, con el concepto de «razón práctica», un carácter científico a esa forma de corrupción, a esa falta de conciencia intelectual: inventó una razón con el único propósito de investigar en qué situación no nos hemos de preocupar por la razón. Tal situación es cuando toma la palabra la moral la exigencia sublime del «debes». Si consideramos que en casi todos los pueblos el filósofo no es más que un momento evolutivo ulterior de la casta sacerdotal no nos sorprenderá encontrarnos con esa parte del legado sacerdotal que es la *falsedad para con uno mismo*.

Cuando se tienen tareas sagradas que cumplir, como son, por ejemplo, la de hacer mejores a los hombres, salvarlos, redimirlos, cuando se lleva a la divinidad en el pecho, cuando se es portavoz de imperativos trasmundanos, semejante misión sitúa ya a quien la desempeña al margen de todas las valoraciones que no se ajustan más que al entendimiento. Una tarea así le santifica sin más, le convierte en un tipo perteneciente a un orden superior. ¡Qué le importa la *ciencia* a un sacerdote! ¡Está muy por encima de ella! Y el sacerdote es quien ha *dominado* hasta ahora quien ha definido los conceptos de «verdadero» y «falso».

13

No le restemos importancia a esto: *nosotros mismos*, nosotros los espíritus libres somos ya una «inversión de todos los valores» una declaración *viviente* de la guerra y de victoria a todos los antiguos conceptos de «verdadero» y «falso». Las intelecciones más valiosas son las que más se tardan en conseguir y de ellas las más valiosas son los *métodos*. *Todos* los métodos, *todos* los supuestos de nuestro actual espíritu científico han tenido en contra suya durante miles de años, el más profundo desprecio. Por causa de ellos a quien los sustentaba se le negaba el trato con las personas «decentes»; se les consideraba «enemigo de Dios», «despreciador de la verdad», «endemoniado». Tener un espíritu científico equivalía a ser un chandala [3]... Nosotros hemos tenido en contra nuestra todo el *pathos* de la humanidad: su concepto de lo que *debe* ser la verdad, de lo que *debe* implicar servir a la verdad. Hasta ahora todos los imperativos del deber han estado dirigidos *contra* nosotros. Nuestros objetivos, nuestros actos, nuestro carácter silencioso, precavido, desconfiado, todo ello le parecía a la humanidad absolutamente indigno y despreciable. En último término cabría preguntarse, con cierta justicia, si no habrá sido un determinado gusto estético lo que ha tenido ciega a la humanidad durante tantos siglos. La humanidad pretendía que la verdad tuviera un efecto agradablemente impresionante y que el hombre dedicado al conocimiento produjese un vivo impacto en los sentidos. Nuestra *modestia* les ha repugnado extraordinariamente durante largo tiempo. ¡Qué bien captaron esto esos gansos de Dios!

Hemos cambiado todo lo que se nos ha transmitido. Nos hemos hecho más modestos en todo. Ya no hacemos descender al hombre del «espíritu», de «dios»; hemos vuelto a considerarlo como un animal más. Para nosotros es el animal más fuerte, porque es el más astuto: su espiritualidad es una consecuencia de esto. Por otra parte, nos hemos resistido a incurrir en otra vanidad que también quería dejar oír su voz aquí: la de considerar que el hombre era el objetivo secreto al que tendía la evolución animal. El hombre no es, de ninguna manera, la coronación de la «creación»; todos los otros seres ostentan, al igual que él, un mismo grado de perfección. Y al decir esto todavía estamos afirmando demasiado: comparativamente hablando, el

---

[3] Término recogido del sistema de castas de la India: lo más bajo y despreciable de la escala social. *(N. del T.)*

hombre es el menos conseguido de todos los animales, el más enfermizo, el que más peligrosamente se aparta de sus instintos. Claro que todo ello le hace ser también *el más interesante.*

14

Por lo que respecta a los animales, Descartes fue el primero que tuvo la respetable osadía de concebir al animal como una máquina. Toda nuestra fisiología se esfuerza en constatar esa tesis. Nosotros, como es lógico, no ponemos al hombre aparte, como siguió diciendo Descartes. Lo que actualmente se ha conseguido saber del hombre se debe precisamente a haberle considerado similar a una máquina. Antiguamente se atribuía al hombre una «voluntad libre», que constituía algo así como un don procedente de un orden superior. Hoy le hemos negado incluso la voluntad, en el sentido de que ya no cabe entenderla en términos de facultad. La antigua palabra «voluntad» no sirve ya más que para designar una resultante, una especie de reacción individual que sigue necesariamente a una multitud de estímulos, que en parte se contradicen entre sí y en parte concuerdan. No es ya la voluntad lo que «actúa», lo que «mueve».

Antiguamente se consideraba que la conciencia humana, el «espíritu», es una prueba de su origen superior, de su carácter divino. Para *perfeccionar* al hombre se le aconsejaba que, a la manera de la tortuga, replegase sus sentidos en su interior, que dejase de estar en relación con las cosas terrenas, que se despojase de su envoltura carnal, para que no quedase de él más que lo esencial, el «espíritu puro».

También en este tema hemos reflexionado mejor. El tomar conciencia, el «espíritu» significa precisamente para nosotros el síntoma de una relativa imperfección del organismo, un ensayo, un tanteo, un equivocarse, una labor penosa en la que se gasta sin necesidad mucha energía nerviosa. Negamos que se pueda hacer algo con perfección si lo seguimos haciendo de una manera consciente. El «espíritu puro» es pura estupidez. Si dejamos de lado el sistema nervioso y los sentidos, la «envoltura carnal» no nos saldrán las cuentas: ¡nos habremos quedado sin nada!

15

En el cristianismo, la moral y la religión no mantienen contacto alguno con la realidad. No hablan más que de *causas* puramente imaginarias («Dios», «alma», «yo», «espíritu», «voluntad libre» o «no libre») y de *efectos* también imaginarios («pecado», «redención», «gracia», «castigo», «perdón de los pecados»); de una relación entre *seres* imaginarios («Dios», «los espíritus», «el alma»); de una ciencia *natural* imaginaria (antropocéntrica en la que brilla por su ausencia el concepto de causas naturales); de una psicología imaginaria (simples errores acerca del sí mismo, interpretaciones de sentimientos generales agradables o desagradables de los estados del nervio simpático, por ejemplo, mediante el lenguaje de signos característico de una idiosincrasia ético-religiosa: «arrepentimiento», «remordimiento de conciencia», «tentación del demonio», «presencia de Dios»); de una *teología* imaginaria («el reino de Dios», «el juicio final», «la vida eterna»).

Este *mundo puramente ficticio* se distingue, en desfavor suyo del mundo de los sueños por el hecho de que éste *refleja* la realidad, mientras que *aquél* la falsea, la desvaloriza y la niega. Desde que se inventó el concepto de «naturaleza» en oposición al concepto de «Dios», lo «natural» se hizo sinónimo de «reprobable». Todo ese munclo de ficciones se basa en el *odio* a lo natural a la realidad; constituye la expresión de una profunda aversión a lo real. Esto lo explica todo. ¿Quién es el único que tiene motivos para *evadirse* de la realidad *mediante una mentira*? Aquél a quien la realidad le produce un sufrimiento. Pero el hecho de que la realidad haga sufrir significa que se es una realidad *fracasada*. La supremacía de los sentimientos de dolor sobre los de placer es la *causa* de esa moral y de esa religión ficticias. Tal supremacía constituye la *medida exacta* de la decadencia.

16

Si examinamos críticamente el concepto cristiano de Dios, llegaremos a la misma conclusión. El pueblo que conserva la fe en sí mismo continúa teniendo también su propio Dios. En él reverencia las condiciones que le han hecho prosperar, sus virtudes; proyecta la sensación de placer que le produce su propio ser, su sentimiento de poder, en un ser al que le puede dar las gracias por ello. El rico desea hacer regalos; un pueblo altivo precisa un Dios para *ofrecerle sacrificios*. Vistas así las cosas, la religión es una forma de gratitud. El hombre está agradecido a sí mismo: por ello necesita un dios. Ese dios ha de poder ser a un tiempo beneficioso y perjudicial, amigo y enemigo; ha de causar admiración tanto en lo bueno como en lo malo. No sería deseable en modo alguno esa castración *antinatural* de un dios que le convierte exclusivamente en un ser bondadoso. El Dios malo resulta tan necesario como el bueno. Nuestra existencia no se la debemos precisamente a la tolerancia y a la filantropía. ¿De qué serviría un dios que no conociera la ira, la venganza, la envidia, la burla, la astucia y la violencia; un Dios al que le resultasen extraños los resplandecientes ardores de la victoria y de la aniquilación? Un dios así sería incomprensible. ¿De qué valdría contar con un dios de esa naturaleza? Sin embargo, cuando un pueblo decae, cuando ve que se apaga definitivamente su fe en el futuro y su esperanza en la libertad; cuando le parece que no hay nada más útil que la sumisión y que las virtudes de los sumisos constituyen un requisito para la conservación, entonces también su dios se *ha de* transformar: se vuelve mojigato, temeroso, humilde, predica la «paz interior», el fin de todo odio, el perdón e incluso el «amor» al amigo y al enemigo. Ese dios no hace otra cosa que moralizar, se desliza furtivamente en la madriguera de toda virtud privada, se convierte en el dios de todos, se torna un individuo privado, un cosmopolita. Antaño era la representación de un pueblo, la fortaleza de un pueblo, todas las tendencias agresivas y el ansia de poder surgidas del alma de un pueblo. Ahora ya no es más que un Dios bondadoso. Realmente los dioses no tienen más alternativa que ésta: *o* son la voluntad de poder —y, en este sentido, serán dioses de un pueblo—, *o,* por el contrario, son pura impotencia, y entonces se volverán buenos por necesidad.

17

Cuando decae de algún modo la voluntad de poder, se produce siempre un retroceso fisiológico, una decadencia. El Dios de la decadencia, castrado de sus virtudes e instintos más viriles, se convierte necesariamente, desde ese instante, en el Dios de los que sufren un retroceso fisiológico, en el Dios de los débiles. Claro que ellos no se autodenominan débiles, sino «buenos». Es comprensible, sin que sea necesario indicarlo, qué momentos de la historia posibilitan la ficción dualista de un Dios bueno y un Dios malo. El mismo instinto que impele a los sometidos a degradar a su Dios a la categoría de «bien en sí», los lleva a anular las buenas cualidades del Dios de sus señores. Se vengan de sus amos *convirtiendo* su Dios *en demonio.* Tanto el Dios bueno como el diablo son productos de la decadencia.

¿Cómo es posible que hoy se siga aceptando la simpleza de los teólogos cristianos, hasta el extremo de afirmar con ellos que la idea de Dios ha seguido un proceso *progresivo,* que iría desde el «Dios de Israel», desde el Dios de un pueblo, al Dios cristiano, que sería la síntesis de todo bien? Sin embargo, hasta Renan se adhiere a esto. ¡Como si Renan tuviera derecho a ser simple! No obstante, resulta evidente lo contrario. Cuando se eliminan de la idea de Dios todos los postulados de la vida ascendente, todo lo fuerte, valiente, señorial, altivo; cuando Dios se va degradando paulatinamente hasta quedar convertido en símbolo de un báculo apto para fatigados, de una tabla de salvación para todos los que se están ahogando; cuando se transforma en el Dios por excelencia de los pobres, de los pecadores y de los enfermos, no quedándole otro atributo que el de «salvador, «redentor», ¿qué significa esta transfolmación, esta reducción de lo divino?

No hay duda de que se produce una ampliación del «reino de Dios». Antaño Dios sólo tenía su pueblo, el pueblo «elegido». Después, al igual que hizo su pueblo, marchose al extranjero y se puso a peregrinar, y no permaneció ya quieto desde entonces en ningún lugar. De este modo ese gran cosmopolita acabó teniendo su hogar en todas partes, hasta que logró poner de su parte a «una gran multitud» de gentes de medio mundo.

No obstante, ese Dios de multitudes, ese demócrata entre los dioses, no se convirtió en un orgulloso Dios de los paganos; continuó siendo judío, siguió siendo el Dios de los rincones, el Dios de las esquinas y de los parajes oscuros, de todos los barrios insalubres del mundo entero. Su reino universal es, tanto antes como ahora, un reino subterráneo, un hospital, un reino de *ghetto,* y él mismo ¡qué pálido, qué débil, qué decadente se ofrece a nuestros ojos! Los más pálidos de entre los pálidos, los metafísicos, esos albinos del concepto, se adueñaron de él. Estuvieron tejiendo su telaraña en torno suyo todo lo que quisieron hasta que, llegado el momento e hipnotizado por sus movimientos, hasta él se convirtió en una araña, en un metafísico.

Desde ese instante, también él tejió la telaraña del mundo extrayéndola de sí mismo, a la manera de Spinoza. A partir de ese momento, se fue tansformando en algo cada vez más sutil y más pálido; se convirtió en «ideal», en «espíritu puro», en «absoluto», en «cosa en sí». Y esto fue *la ruina de Dios:* transformarse en «cosa en sí».

18

El concepto cristiano de Dios (Dios de los enfermos, Dios-araña, Dios-espíritu) constituye una de las ideas de Dios más degradadas a las que se ha podido llegar en el mundo. Puede que represente incluso el nivel más bajo del proceso evolutivo decadente del tipo de Dios. Se trata de un Dios degradado hasta el extremo de estar *en contradicción con la vida,* en vez de ser su exaltación y su afirmación eterna. Dios encarna, así, la guerra a la vida, a la naturaleza, a la voluntad de vivir; representa la formulación de todas las calumnias contra el «más acá» y de todos los embustes sobre el «más allá». En Dios la nada queda divinizada; se santifica la voluntad de nada.

19

El hecho de que las fuertes razas de la Europa nórdica no rechazaran al Dios cristiano no es algo que honre a sus aptitudes religiosas, y no digamos ya a su buen gusto. *Deberían* haber acabado con ese producto enfermizo y decrépito de la decadencia. Pero, por no haberlo hecho, pesa sobre ellas una maldición: absorbieron en todos sus instintos la enfermedad, la vejez y la contradicción. Desde ese momento, ya no han vuelto

a *crear* ningún Dios. Han pasado dos mil años, y no ha aparecido ni un solo Dios nuevo. Por el contrario, sigue subsistiendo,
como si tuviera derecho a ello, como si lo definitivo y lo máximo
que pudiese generar la fuerza configuradora de dioses, el espíritu
creador humano, fuera ese lamentable Dios del aburrido monote-
ísmo cristiano, ese producto híbrido de la decadencia, elaborado
a partir de cero, de una idea y de una contradicción, en el que
hallan su justificación todos los instintos de la decadencia, todas
las cobardías y todos los agotamientos del alma.

20

Al condenar el cristianismo, no quisiera ser injusto con una
religión similar, que supera incluso a aquél en número de segui-
dores: *el budismo*. Como religiones nihilistas que son, ambas
constituyen un producto de la decadencia, pero hay cosas que
las diferencian notablemente. Todo el que critique el cristianismo tiene que estar agradecido a los que han estudiado la cultura de la India, pues ello ha permitido compararlo con el budismo.

La religión de Buda es muchísimo más realista que la cristiana: ha incorporado a su contenido el legado de un planteamiento frío y objetivo de los problemas, habida cuenta de que
surge tras un movimiento filosófico que había durado cientos
de años, y en un momento en que ya se había eliminado la idea
de «Dios». El budismo es la única religión verdaderamente
positivista que encontramos a lo largo de la historia, incluida su
teoría del conocimiento (un riguroso fenomenalismo); no habla
ya de una «lucha contra el *pecado*», sino de una «lucha contra
el dolor», lo que supone tener en cuenta la realidad. Ha dejado
atrás (y esto le distancia mucho del cristianismo) ese autoengaño que son los conceptos morales, y se sitúa —por decirlo con
una expresión característica mía— *más allá* del bien y del mal.

Los dos hechos fisiológicos en los que se apoya y que tiene en cuenta son: *primero*, una hiperexcitabilidad de la sensibilidad, que se expresa en una refinada capacidad para sentir el dolor, y *segundo*, una superespiritualización, una vida excesivamente inmersa en conceptos y en procedimientos lógicos, en la que sale perjudicado el instinto personal en beneficio de lo «impersonal» (dos estados que algunos de mis lectores, por lo menos los «objetivos», conocerán, como yo, por experiencia propia). En base a estas condiciones fisiológicas, se genera una *depresión,* que Buda combate por medio de una higiene. Como remedio, aconseja la vida al aire libre y con un carácter itinerante, una dieta escogida inspirada en la moderación, mucha precaución respecto a los licores espirituosos y a todos aquellos estados afectivos que producen bilis y encienden la sangre, y una gran despreocupación por uno mismo y por los demás. Buda recomienda representaciones que susciten sosiego o alegría, ofreciendo la forma de irse deshabituando de las restantes. Considera que la bondad, el ser bueno, favorece a la salud. Quedan desterrados la oración, el ascetismo y toda forma de imperativo categórico y de coacción, incluso en el seno de la comunidad monástica, que el individuo puede abandonar cuando le plazca.

Todo esto va encaminado a hacer frente a esa hiperexcitabilidad de la que antes se hablaba. Precisamente por ello, Buda no obliga a luchar contra quienes no piensen como él; no hay nada en su doctrina contra lo que combata *más* que el sentimiento de venganza, de aversión, de resentimiento. «Con la enemistad no se pone fin a la enemistad» es el conmovedor adagio de todo el budismo. Y tiene razón, pues tales efectos perjudicarían extraordinariamente al objetivo dietético fundamental. El cansancio espiritual que detectó en sus contemporáneos y que se manifestaba en una «objetividad» excesiva (es decir, en un debilitamiento del interés individual, en una pérdida del centro de gravedad y del «egoísmo») es combatido mediante una rigurosa reincorporación a la *persona* incluso de los intereses más espirituales. Para Buda, el egoísmo se convierte en un deber. Toda la dieta espiritual queda regulada y limitada por aquello de que «sólo una cosa es necesaria»: «la forma como nos libramos del dolor». Tal vez sea justo recordar aquí a aquel ateniense que declaró también la guerra al «espíritu científico» puro, a Sócrates, quien se planteó el tema y elevó el egoísmo personal a la categoría de una virtud moral.

21

Para implantarse, el budismo requería un clima muy benigno, una *ausencia total* de espíritu bélico, y que el movimiento calara en las capas sociales superiores e incluso en las más cultas. Como fin supremo se perseguía un gozo apacible, un sosiego y una falta de deseos, y este fin *se logró*. El budismo no es una religión que se limite a aspirar a la perfección: la perfección constituye su estado normal.

En el cristianismo, por el contrario, el primer plano lo ocupan los instintos de los sometidos y de los oprimidos. Quienes buscan en él su salvación son los estamentos inferiores. En él se practica como *ocupación,* como una forma de luchar contra el aburrimiento, la casuística del pecado, la autocrítica, la inquisición de la conciencia, potenciándose constantemente, mediante la oración, el afecto hacia un ser *poderoso,* llamado «Dios», y considerándose que lo más elevado resulta inalcanzable, que es un don, una «gracia».

No tiene tampoco un carácter público; lo que caracteriza al cristianismo es su afición por los lugares cerrados y oscuros. Se desprecia el cuerpo y se rechaza la higiene, por considerarla algo sensual. La Iglesia es enemiga de la limpieza. (La primera medida que adoptaron los cristianos tras la expulsión de los musulmanes fue cerrar los baños públicos, de los que sólo Córdoba poseía 270.)

En buena medida, ser cristiano equivale a ser cruel respecto a uno mismo y a los demás, odiar a quienes piensan de forma diferente, y un afán de perseguir. Destacan en él una serie de ideas sombrías y generadoras de inquietud; los estados de ánimo que más se buscan y que se designan con los nombres más honrosos son los epileptoides. Se predica una forma de vida que fomenta fenómenos morbosos y que sobreexcita los nervios. Es característicamente cristiano el odio mortal a los señores de la tierra, a los «aristócratas», a la vez que se les hace una competencia oculta y secreta (se les deja el «cuerpo», porque *lo único* que se quiere es el «alma»). Ser cristiano implica odiar la *inteligencia,* el orgullo, la valentía, la libertad, el libertinaje del espíritu; odiar los *sentidos,* el gozo sensual, el placer en cuanto tal.

22

Al abandonar el cristianismo su primer ámbito de implantación (los estamentos sociales más inferiores, el subterráneo del mundo antiguo) y al tratar de afianzarse entre los pueblos bárbaros, se encontró, como materia prima, no con unos hombres *cansados,* sino con unos hombres interiormente embrutecidos, que se destrozaban entre sí; con unos hombres fuertes, pero malogrados. El descontento de sí mismo, el dolor a causa de uno mismo, *no* eran, en este caso, a diferencia de los budistas, una hiperexcitabilidad y una capacidad extraordinaria para sentir el dolor, sino más bien todo lo contrario: un ansia poderosa de causar dolor, de dar rienda suelta a la tensión interior al traducirla en actos y en representaciones hostiles. Para introducirse entre los bárbaros, el cristianismo necesita ideas y valores *bárbaros,* como son el sacrificio del primogénito, el beber sangre en la comunión, el desprecio de la inteligencia y de la cultura; la tortura en todas sus manifestaciones, corporales y espirituales; un culto ostentoso.

El budismo era una religión para hombres que *se habían quedado atrás,* para razas que se habían vuelto buenas, mansas, hiperespirituales, que experimentaban dolor con suma facilidad. (Europa está aún muy lejos de alcanzar ese estado.) Para unas razas así, el budismo representó una vuelta a la paz, al gozo sosegado, a la dieta en las cosas del espíritu, a un cierto endurecimiento corporal. El cristiano deseaba imponerse a *animales de presa,* y el medio para ello consistió en inducirles un estado de *enfermedad.* La receta cristiana para *domar* a la gente, para «civilizarla», consistió en debilitarla. El budismo era una religión apta para una civilización que se hallaba acabada y cansada. El cristianismo no hubo de hacer frente a una civilización así, aunque, en determinadas ocasiones, la generó.

23

Quiero volver a insistir en que el budismo es muchísimo más frío, más veraz y más objetivo. Ya no necesita *moralizar* el dolor y la capacidad de sufrir recurriendo a la idea de pecado; se limita a decir lo que siente: «sufro». Para el bárbaro, por el contrario, el dolor no es en sí algo moralmente bueno: para reconocer ante sí mismo *que* sufre necesita recurrir a una interpretación (su instinto le induce más bien a negar su dolor, a soportarlo en silencio). En esta situación, la idea del «demonio» fue todo un hallazgo, porque se dispuso de un enemigo muy poderoso y terrible, respecto al cual el hombre no tenía que avergonzarse por el hecho de que un enemigo de semejante naturaleza le hiciera sufrir.

En la base del cristianismo se encuentran algunas ideas sutiles característicamente orientales. En primer lugar, tiene conciencia de que lo auténticamente importante no es que algo sea verdadero, sino que se le tenga por tal. La verdad y la creencia de que algo es verdad constituyen dos campos de intereses completamente divergentes, y casi diría contrapuestos. A cada uno de esos campos se llega por caminos radicalmente diferentes. El hecho de saber esto es prácticamente lo que caracteriza al sabio oriental: tal es el caso de los bramanes, de Platón y de todo discípulo de una sabiduría esotérica. Por ejemplo, si se experimenta *felicidad* cuando uno se cree libre de pecado, *no* se requiere, como condición necesaria de ello, que el individuo sea pecador, sino que *se sienta* pecador. Ahora bien, si lo que en general y fundamentalmente se necesita es *fe,* habrá que desacreditar a la razón, al conocimiento y a la investigación científica. El camino que lleva a la verdad pasará a ser el camino *prohibido.*

Una *esperanza* sólida constituye ya de por sí un estimulante de la vida, infinitamente superior a cualquier felicidad que se dé realmente. Hay que sostener a quienes sufren con una esperanza que no pueda ser contradicha por ninguna realidad, que ningún acontecimiento pueda *hacerla desaparecer:* con una esperanza en «el más allá». Precisamente por esa propiedad suya que permite tener entretenidos a los desdichados, los griegos consideraron que la esperanza constituye el peor de los males, el más genuinamente *perverso:* el que se quedó en el interior de la caja de Pandora, que contenía todos los males posibles.

Para que sea posible el *amor,* Dios ha de ser personal; para que se dé rienda suelta incluso a los instintos más bajos, Dios ha de ser joven. Para satisfacer el ardor femenino, hay que presentar, en primer término, un santo hermoso; para el masculino, una hermosa doncella: la Virgen María. Ello presupone que el cristiano trató de introducirse en un ámbito en el que los cultos de Adonis y de Afrodita habían configurado ya el concepto de culto. La obligación de *ser casto* fortalece la vehemencia y la intensidad del instinto religioso y hace que el culto sea más ardoroso, más exaltado y más vivo.

El amor es el estado en el que el hombre se encuentra más propenso a ver las cosas como *no* son. Es aquí donde la fuerza de la ilusión, al igual que la fuerza de la dulzura y de la glorificación, alcanza mayores cotas. El amor hace que se soporten más cosas que en cualquier otra situación: permite que se tolere todo. Había, pues, que crear una religión en la que existiera la posibilidad de ser amado. De este modo, sus creyentes podían situarse más allá de lo peor que contiene esta vida: podían ni siquiera apreciarlo.

Todo esto hace referencia a las tres virtudes cristianas: fe, esperanza y caridad. Yo las llamo las tres *sagacidades* del cristianismo. El budismo es demasiado tardío, demasiado positivista, para seguir siendo sagaz en este sentido.

24

Voy a limitarme a hacer una somera referencia al problema del *origen* del cristianismo. La *primera* tesis para solucionar esta cuestión afirma: El cristianismo sólo puede ser entendido si se parte del ámbito en el que apareció: *no* fue un movimiento de reacción contra el instinto judío, sino su consecuencia lógica, una deducción más de su terrible lógica. Por decirlo con las palabras del Redentor: «La salvación viene de los judíos.»

La *segunda* tesis señala: Es fácilmente reconocible el tipo psicológico del Galileo; pero sólo ha podido servir para lo que ha sido utilizado (como tipo de *redentor* de la humanidad) en su más absoluta degeneración, la cual implicó a un tiempo una amputación de sus rasgos y un añadido de otros que le eran ajenos.

Los judíos constituyen el pueblo más notable de toda la historia, puesto que, al plantearse la cuestión de ser o no ser, prefirieron, con una clarividencia sumamente inquietante, el ser *a toda costa*. El precio que hubieron de pagar fue la *falsificación* radical de toda naturaleza, de toda naturalidad y de toda realidad, tanto del mundo interior como de todo el mundo exterior. Se atrincheraron *frente a* todas las condiciones que hasta ahora han posibilitado y *permitido* vivir a un pueblo; crearon, sacándosela de la cabeza, una idea completamente opuesta a las condiciones naturales; subvirtieron sucesiva e irreversiblemente la religión, el culto, la moral, la historia, la psicología, hasta llegar a convertirlos en *lo contrario de lo que constituyen sus valores naturales*.

Este mismo fenómeno, aunque en proporciones indeciblemente ampliadas, volvemos a encontrarlo en el cristianismo, si bien se trata sólo de una copia. La Iglesia cristiana, comparada con «el pueblo de los santos» judío, carece de originalidad. Esto es lo que hace que el pueblo judío sea *el más fatídico* de toda la historia. Con su influencia ulterior, ha falseado de tal forma a la humanidad, que hasta el cristiano puede sentirse antisemita, sin darse cuenta de que es *la consecuencia última del judaísmo*.

En mi obra *La genealogía de la moral* he sido el primero en exponer, psicológicamente, la contradicción que existe entre una moral *aristocrática* y una moral del *resentimiento,* surgida esta última de la *negación* de la primera. A esto se reduce, íntegra y totalmente, la moral judeo-cristiana. Para poder negar todo lo que representa en la tierra el movimiento *ascendente* de la vida, lo bien constituido, el poder, la belleza, la autoafirmación, fue necesario que el instinto del resentimiento, elevado a la categoría de genio, se inventara *otro mundo,* a la luz del cual esa *afirmación de la vida* apareciese como el mal, como lo reprochable en sí. Hablando en términos psicológicos, el pueblo judío da muestras de ser un pueblo dotado de la más pertinaz de las vitalidades. Obligado a vivir en condiciones imposibles, con el más profundo y sagaz espíritu de autoconservación, se pone voluntariamente de parte de todos los instintos de la decadencia. Y ello no porque estuviera dominado por éstos, sino porque intuyó que tenían un poder que le permitía imponerse *contra* «el mundo».

Los judíos son todo lo contrario de los decadentes: han tenido que *representar* el papel de éstos aparentando que lo eran. Con el cristianismo de san Pablo, han sabido ponerse, en una muestra del mayor genio teatral, a la cabeza de todos los movimientos de decadencia, hasta hacerlos más fuertes que todas las corrientes que *afirman* la vida. Para ese tipo humano que es la clase *sacerdotal,* y que aspira al poder en el judaísmo y en el cristianismo, la decadencia no es más que *un medio.* Esa clase de hombres tiene un interés vital en hacer que la humanidad *enferme* y en trastocar, constituyendo un peligro para la vida y calumniando al mundo, los conceptos de «bueno» y «malo», «verdadero» y «falso».

25

La historia del pueblo de Israel constituye un ejemplo inestimable de lo que es la historia de la *desnaturalización* de los valores naturales. Voy a hacer referencia a cinco hechos de ésta. Al comienzo, principalmente en la época de los reyes, Israel mantuvo con todas las cosas una relación *correcta,* es decir. natural. Su Dios Yavé era la manifestación de la conciencia de poder, de la autosatisfacción, de la autoesperanza. Su pueblo esperaba de él que le condujera a la victoria y a la salvación, confiando con él en que la naturaleza le suministraría todo lo necesario, empezando por la lluvia. Yavé es el Dios de Israel, y, *en consecuencia,* es el Dios de la justicia. Así razona todo pueblo que tiene poder y que es bien consciente de ese poder. En las celebraciones del culto se manifiestan estos dos aspectos de la autoafirmación de un pueblo: está agradecido por los grandes destinos en virtud de los cuales se ha encumbrado, y está agradecido también por el ciclo de las estaciones y por la prosperidad que alcanza en la agricultura y en la ganadería.

Este estado de cosas siguió constituyendo un ideal durante mucho tiempo, incluso cuando fue abolido por la anarquía interior y por la acción de los asirios desde el exterior. Con todo, el pueblo conservó, como aspiración suprema, aquella imagen de un rey, buen soldado y severo juez, que principalmente Isaías, un profeta característico (es decir, un crítico y un satírico de su época), propició. Pese a ello, todas estas esperanzas se vieron frustradas. El antiguo Dios no *podía* seguir ya dando muestras de su poder de antaño. El pueblo debería haberle abandonado. ¿Qué ocurrió en cambio? Que *se transformó* y se *desnaturalizó* la idea de Dios; tal fue el precio que tuvieron que pagar por conservarlo.

Yavé, el Dios de la justicia, *no* se identificaba *ya* con Israel; dejó de ser la expresión del sentimiento que un pueblo tiene de sí mismo. Su concepto se convirtió en un instrumento en manos de agitadores sacerdotales que, desde ese momento, interpretaron toda felicidad en términos de premio y toda desgracia en términos de castigo por la desobediencia a Dios, por «el pecado». Esta forma tan falaz de interpretación es característica de la presunción de que existe un «orden moral en el mundo». Con ella se invertían, de una vez para siempre, los conceptos naturales de «causa» y «efecto». Una vez que se destierra del mundo la causalidad natural, mediante la teoría de los premios y de los castigos, se recurre necesariamente a una causalidad *antinatural,* la cual trae consigo todo el resto de cosas antinaturales: un Dios que *exige* (y no un Dios que ayuda, que aconseja, que es, en último término, la palabra que designa toda aspiración feliz del valor y de la autoconfianza) y una *moral* que deja de ser la expresión de las condiciones de vida y del desarrollo de un pueblo, su instinto vital más profundo, para convertirse en algo abstracto, en una antítesis de la vida. La moral pasa a ser una forma de pervertir, por principio, las cosas, con ayuda de la imaginación; de echar «mal de ojo» a todo.

¿*Qué* es la moral judía, *qué* es la moral cristiana? El azar, que ha perdido su inocencia; la desgracia, impurificada por la idea de «pecado»; el bienestar, interpretado como peligro, como tentación»; el malestar fisiológico, envenenado por el gusano de la conciencia.

26

Pero los sacerdotes judíos no se dieron por satisfechos con falsear la idea de Dios y de la moral. Como no podían hacer uso de toda la *historia* de Israel, se desembarazaron de ella. Tales sacerdotes realizaron esa maravilla de falsificación de la que en buena parte es testimonio la Biblia. Con un desprecio absoluto de toda tradición, de toda realidad histórica, *interpretaron desde un ángulo religioso* el pasado de su pueblo; es decir, lo convirtieron en una estúpida dinámica de salvación y de culpabilidad respecto a Yavé, de castigo, de devoción a Dios y de recompensa. Nos dolería mucho más ese acto tan vergonzoso de falsificación histórica, si la interpretación que *la Iglesia* ha hecho durante milenios de ese proceso no nos hubiera vuelto casi insensibles a las exigencias de honradez en cuestiones históricas.

Por si fuera poco, a la Iglesia la secundaron los filósofos. La mentira del «orden moral del mundo» es algo que se mantiene a lo largo de la historia hasta llegar a la filosofía moderna. ¿Qué significa «el orden moral del mundo»? Que existe, de una vez para siempre, una voluntad de Dios respecto a lo que el hombre debe hacer o dejar de hacer; que el valor de un pueblo o de un individuo se mide en función de su mayor o menor obediencia a la voluntad de Dios; que en los destinos de un pueblo o de un individuo la voluntad de Dios resulta *decisiva,* es decir, que premia o castiga según el grado de obediencia de aquéllos.

Frente a tan lamentable mentira, la *realidad* afirma: Ese tipo humano parasitario que es el sacerdote, el cual únicamente prospera a costa de las formas más sanas de la vida, comete un abuso utilizando el nombre de Dios: llama «reino de Dios» a una situación en la que es el sacerdote quien determina el valor de las cosas; llama «voluntad de Dios» a los medios que utiliza para alcanzar o conservar dicha situación; con un frío cinismo, valora los pueblos y los individuos tomando como medida el grado en que han favorecido o perjudicado la supremacía de los sacerdotes.

Veamos cómo actuaron. Por obra de los sacerdotes judíos, la época más *esplendorosa* de la historia de Israel se convirtió en una época de decadencia; el exilio con toda su dilatada desventura pasó a ser un castigo eterno en pago por la época anterior de esplendor, es decir, por una época en la que el sacerdote no representaba nada todavía. De las figuras más poderosas y *más independientes* de la historia de Israel, hicieron, a tenor de sus conveniencias, miserables mojigatos, beaturrones o «ateos». Simplificaron la psicología de todos los grandes acontecimientos hasta dejarla reducida a esa fórrnula estúpida de «obediencia o desobediencia a Dios».

Luego dieron un paso más. La «voluntad de Dios», es decir las condiciones que permiten que el sacerdote siga conservando su poder, ha de ser *conocida,* y para ello se requiere una «revelación». Hablando en plata, resulta necesaria una gran falsificación literaria: se descubren unas «sagradas escrituras», que se hacen públicas con toda pompa hierática, con días de penitencia y llantos de lamentación por el largo período de «pecado». La «voluntad de Dios» había quedado fijada desde hacía mucho tiempo, y toda la desgracia se debía a haber vuelto la espalda a las «sagradas escrituras».

La «voluntad de Dios» se le había revelado ya a Moisés. ¿Qué es lo que pasó realmente? Que el sacerdote formuló, de una vez para siempre, *qué era lo que quería tener,* cuál era la «voluntad de Dios», y ello con un rigor y una pedantería tales que llegaba incluso a determinar los tributos grandes y pequeños que había de pagar el pueblo (sin olvidar los mejores trozos de carne, pues al sacerdote le encantaban los buenos bocados). Desde entonces, todas las cosas de la vida quedaron ordenadas de tal modo que el sacerdote resulta *indispensable en todo momento.* En todos los acontecimientos naturales de la vida —nacimientos, matrimonios, enfermedades, defunciones, por no hablar del sacrificio («la cena»)— aparecía el parásito sagrado para *desnaturalizarlos,* o, por decirlo en su lenguaje, para «santificarlos».

Es preciso entender que toda costumbre y toda institución naturales (el Estado, la justicia, el matrimonio, la asistencia a los pobres y enfermos), toda exigencia inspirada por el instinto de vida, en suma todo lo que tiene su valor en sí, queda convertido por la acción del sacerdote (o en virtud del «orden moral del mundo») en algo exento, por principio, de valor, en algo *contrario* al valor. Posteriormente, se precisa una sanción, un poder que sea *el que confiere valor,* negando así la naturaleza y creando un valor. El sacerdote desvaloriza, le *quita su santidad* a la naturaleza. Ese es el precio que hay que pagar sólo para que él subsista.

La desobediencia a Dios, es decir, al sacerdote, a «la ley», recibe ahora el nombre de «pecado». Las formas de volver a «reconciliarse con Dios» serán, como es evidente, los medios que garantizan de un modo más radical aún la sumisión a los sacerdotes.

60

El sacerdote es el único que goza del poder de «redimir». Considerando esto desde un ángulo psicológico, los «pecados» son algo indispensable en toda sociedad organizada a la manera sacerdotal. Son los auténticos instrumentos del poder; el sacerdote *vive* gracias a los «pecados» necesita que «se peque». El axioma fundamental es «Dios perdona a quien hace penitencia», o, por decirlo con claridad, *a quien se somete al sacerdote.*

27

El cristiano —esa forma de enemistad mortal con la realidad no superada hasta la fecha— se desarrolló en su terreno extraordinariamente *falso,* en el que toda naturaleza, todo valor natural, toda realidad tenían en contra suya los más profundos instintos de la clase dominante. El «pueblo santo», que para valorarlo todo no había conservado más que valores y palabras sacerdotales, y que con una terrible coherencia lógica había rechazado como «no santo», como «mundo», como «pecado», todos los restantes poderes de la tierra, ese pueblo dictó a su instinto una fórmula tan consecuente que llegaba a la autonegación, y negó, como *cristianismo,* hasta la última forma de realidad: el «pueblo santo», el «pueblo elegido», la propia realidad judía.

El caso no deja de ser extraordinario. El reducido movimiento de rebeldía patrocinado por Jesús de Nazaret *vuelve* a ser el instinto judío; dicho con otras palabras, es el instinto sacerdotal que ya ni siquiera soporta la realidad del sacerdote, la invención de una forma de existencia *más abstracta* todavía, de una visión *más irreal* aún que la establecida por la organización de una Iglesia. El cristianismo *niega* la Iglesia.

Me cuesta trabajo ver contra qué iba dirigida la rebelión que, según se ha entendido o malentendido, inició Jesús, de no ser una rebelión contra la Iglesia judía, considerando la palabra

«Iglesia» en el sentido que hoy le damos. Fue, pues, una rebelión contra los «buenos» y «justos», contra los «santos de Israel», contra la jerarquía social; no contra su corrupción, sino contra la casta, el privilegio, el orden, la fórrnula. Fue una *falta de fe* en los «hombres superiores», un *rechazo* de todo lo que tenía la huella del sacerdote y del teólogo.

Ahora bien, la jerarquía que, de este modo, quedó puesta en entredicho, aunque sólo lo fuera por un instante, constituía el palafito en el que todavía conseguía subsistir el pueblo judío, en medio de «las aguas», su *última* posibilidad, laboriosamente alcanzada, de seguir existiendo, el residuo de su existencia política autónoma. Atacar a esa jerarquía implicaba zaherir el instinto más íntimo del pueblo, la más pertinaz voluntad de vivir de un pueblo que jamás se ha dado en la tierra.

Ese santo anarquista que incitaba al pueblo sencillo, a los marginados y «pecadores», a los chandalas que había en el seno del judaísmo, a ponerse en contra del orden establecido, con un lenguaje que, de ser cierto lo que dicen los evangelios, incluso hoy le hubieran hecho merecedor de que lo deportaran a Siberia, era un criminal político, suponiendo que quepa hablar de criminales políticos en una sociedad *absurdamente despolitizada*. Eso fue lo que lo llevó a la cruz, y la prueba de ello es la inscripción que pusieron en el madero [4]. Murió por *su* «pecado», y no hay razón alguna para sostener, como se ha pretendido con tanta frecuencia que murió por los «pecados» de la humanidad.

28

Una cosa completamente distinta es si él tuvo conciencia de semejante antítesis, o si lo que ocurrió fue simplemente que se

---

[4] Recuérdese que la inscripción fue «Jesús Nazareno, Rey de los Judíos», lo cual ratifica la tesis de Nietzsche de que Cristo se opuso a la casta sacerdotal y que fue castigado por su rebeldía política. *(N. del T.)*

le *interpretó* como tal. Es aquí donde cabe hablar por vez primera de *la psicología del redentor*.

Confieso que muy pocos libros de los que he leído se me han hecho tan difíciles de entender como los evangelios. Me refiero a unas dificultades distintas de las que, al solucionarlas, la erudita curiosidad del espíritu alemán consiguió uno de sus inolvidables éxitos. Ya está lejos la época en que, como todos los jóvenes cultos también yo saboreé, con la prudente lentitud de un refinado filólogo, la obra del incomparable Strauss. Entonces tenía yo veinte años, pero ahora estoy ya en una edad demasiado seria para ocuparme de esas cosas. ¿Qué me importan a mí las contradicciones que se hallan contenidas en «la tradición»? ¡Cómo si fuera posible llamar «tradiciones» a las leyendas de los santos! No hay literatura más ambigua que las historias de los santos. Aplicar a ellas el método científico, *a no ser que existan otros documentos,* me parece una tarea condenada previamente al fracaso, un entretenimiento propio de eruditos.

29

Lo que despierta mi interés es el tipo psicológico del redentor. Ese tipo *podría* estar contenido, efectivamente, en los evangelios, a pesar de los mismos, aunque fuera de una forma muy mutilada y adornada con rasgos que le serían ajenos. Algo parecido sucede con el tipo psicológico de san Francisco de Asís, el cual se halla presente en sus leyendas, a pesar de las mismas. *No* me refiero a si es verdad lo que hizo, lo que dijo o la forma como murió, sino al problema de *si* podemos reconstruir mentalmente su tipo, de si nos ha sido «transmitido».

Los intentos que se han hecho por descubrir en los evangelios incluso la *historia* de un «alma», me parece que dan muestras de una ligereza psicológica rechazable. Renan, que para mí es un bufón en lo que a cuestiones psicológicas se refiere, al intentar perfilar cuál era el tipo de Jesús, ha recurrido a los dos conceptos más inapropiados que se pueden dar: el concepto de *genio* y el de *héroe*. ¿Acaso hay algo más ajeno al evangelio que el concepto de héroe? Precisamente, en el evangelio, lo contrario a toda forma de lucha, a todo sentimiento que impulse a luchar, se convierte en algo instintivo. La incapacidad de ofrecer resistencia se traduce en una moral («no resistas al mal» constituye la frase evangélica más profunda, y la que, en cierta medida, nos ofrece su clave). Por el contrario, se exhorta a buscar la felicidad en la paz, en la afabilidad, en la incapacidad para ser enemigo de nadie.

¿Qué significa la «buena nueva»? La vida verdadera, la vida eterna ya descubierta, no prometida, sino estando ahí, *dentro de vosotros:* es la vida en el amor, en el amor sin reservas, sin exclusiones, sin distancias. Todo hombre es hijo de Dios —Jesús no se otorga a sí mismo ningún título en exclusiva—, y, como hijos de Dios, todos los hombres somos iguales. ¿Cómo se puede convertir a Jesús en un *héroe*? Y sobre todo, ¡qué equivocación más grande calificarlo de «genio»! Nada de nuestro concepto cultural de «inteligencia» tiene sentido alguno en el mundo en que vivió Jesús. Más bien habría que emplear una palabra totalmente distinta, una palabra que, hablando con el rigor del fisiólogo, no podría ser otra más que «idiota».

Conocemos un estado patológico de excitación del *sentido del tacto,* que hace retroceder temblando al que lo padece ante el más mínimo roce, ante la posibilidad de tener entre las manos un objeto sólido. Llevando este hábito fisiológico a sus últimas consecuencias, encontraremos un odio instintivo a *toda* realidad, una huida hacia lo «inaprensible», hacia lo «inconcebible»; una repugnancia ante toda fórmula, ante toda idea de espacio y de tiempo, ante todo lo sólido, como puede ser una costumbre, una institución, una Iglesia; un ansia de vivir en un mundo por encima de toda realidad, en un mundo totalmente «interior», «verdadero», «eterno»... «El reino de Dios está *dentro de vosotros.*»

30

El *odio instintivo a la realidad* aparecería, pues, como consecuencia de una extrema sensibilidad ante el dolor, de una hiperexcitación que no tolera en modo alguno que la «toquen» porque experimenta todo contacto de una manera demasiado intensa.

La exclusión instintiva de toda aversión, de toda enemistad, de todo límite y distancia en el sentimiento aparecería también como una consecuencia de una extremada sensibilidad ante el dolor, de toda hiperexcitación que experimenta como un *displacer* insoportable (es decir, como algo *nocivo,* como algo *rechazable* por el instinto de autoconservación) toda forma de oposición, todo tener que oponerse; que sólo encuentra beatitud (placer) cuando no opone resistencia a nadie, ni a la desgracia ni al mal. La beatitud queda entonces constituida por el amor como única y *última* posibilidad de vivir...

Éstas son las dos *realidades fisiológicas* en las que se basa y de las que emana la doctrina de la redención. Yo considero que esta doctrina es un desarrollo sublime del hedonismo sobre un fundamento totalmente patológico. El epicureísmo, que es la doctrina redentora del paganismo, está estrechamente emparentado con ella, si bien aquél se halla dotado de una fuerte dosis de vitalidad y de energía nerviosa griegas. He sido el primero en caracterizar a Epicuro como un *decadente típico.* El miedo al dolor, incluso al dolor infinitamente pequeño, no *puede* desembocar más que en *una religión basada en el amor.*

31

Ya he anticipado mi solución al problema. Para llegar a esta solución, hay que presuponer que el tipo del redentor nos ha sido transmitido de una forma muy desfigurada. Tal desfiguración es muy verosímil. Hay muchas causas que explican que un tipo de esta naturaleza no pueda permanecer totalmente puro, íntegro, libre de añadidos. En él tienen que haber dejado su impronta tanto el medio en el que esa figura se desarrolló como, sobre todo, la historia, el *destino* de la primera comunidad cristiana. Teniendo en cuenta ese destino, el tipo se fue enriqueciendo retrospectivamente con rasgos que sólo resultan explicables por razones de guerra y de propaganda.

Ese mundo extraño y enfermizo que nos describen los evangelios —un mundo que se diría salido de una novela rusa y en el que parecen haberse dado cita los desechos de la sociedad, las enfermedades mentales y una idiotez «infantil»— no tuvo más remedio que introducir *una buena dosis de tosquedad* en el tipo. Para poder entender algo de él, los primeros discípulos en especial empezaron por traducir a su propia tosquedad a un ser inmerso en símbolos y en cosas inaprensibles. Sólo lo sintieron *cercano* a ellos cuando lo «normalizaron» aplicándole una serie de categorías que les resultaban familiares. Las categorías de profeta, mesías, futuro juez, maestro de moral, taumaturgo, Juan el Bautista, etcétera, dieron amplias ocasiones para desfigurar el tipo. No le quitemos, por último, importancia a lo que caracteriza a toda gran veneración, sobre todo cuando tiene un matiz sectario. Esta borra del ser que venera los rasgos y la idiosincrasia originales, que con frecuencia le resultan tan extraños que *ni siquiera los percibe*. Fue una pena que junto a ese decadente tan interesante no hubiera habido un Dostoievski, es decir, alguien que hubiese sabido captar el conmovedor encanto de esa mezcla de sublimidad, enfermedad e infantilismo.

Un último punto de vista: el tipo de Jesús, como prototipo de la decadencia, *podría* haber ostentado una multiplicidad y una contradictoriedad peculiares. No podemos descartar esta posibilidad. Sin embargo, todo contribuye a que la rechacemos. De haber sido así, la tradición resultaría extraordinariamente objetiva y fiel; pero tenemos razones para suponer lo contrario. De entrada, existe una gran contradicción entre el Jesús que predica en montes, lagos y praderas, que nos ha sido presentado como un Buda en un escenario muy poco indio, y el Jesús fanáticamente agresivo, enemigo mortal de teólogos y sacerdotes, a quien Renan, con mucha malicia, ensalzó llamándole «el gran maestro de la ironía». No pongo en duda que esa alarmante dosis de hiel (e incluso de ingenio) le fue añadida al tipo del maestro a partir del estado de agitación propio de la propaganda cristiana. De sobra sabemos la falta de escrúpulos que ofrecen los sectarios a la hora de hacer la apología de su maestro.

Cuando la comunidad primitiva precisó de un teólogo que juzgase, discutiese, se encolerizase y se mostrase maliciosamente sutil, para *contraponerlo* a los teólogos, *creó* su «Dios» a tenor de sus necesidades. De la misma forma no dudó en poner en boca de Jesús ideas completamente ajenas al evangelio, pero de las que ya no podía prescindir. Me refiero a cosas tales como la «segunda venida» de Cristo, el «juicio final» y toda clase de expectativas y de promesas temporales.

32

Me niego a que se le aplique al redentor el calificativo de fanático; el término «imperioso», que utiliza Renan, anula por sí solo el tipo. Precisamente la «buena nueva» consiste en que ya no hay oposición; el reino de los cielos pertenece a los niños; la fe de que aquí habla no es una fe que se conquiste por medio de la lucha; estaba ahí desde un primer momento; es, por así

decirlo, un infantilismo llevado a un plano espiritual. Los fisiólogos, al menos, están familiarizados con el caso de la pubertad
retardada, que no acaba de implantarse en el organismo, como
una secuela de la degeneración. Una fe así no se encoleriza, no
reprende, no se defiende, no ciñe «la espada», no se imagina
siquiera hasta qué punto podría llegar a ser en algún momento
causa de discordias y de divisiones. No da pruebas de sí misma,
ni con milagros, ni con premios y promesas, y, menos aún,
mediante «Escrituras». Ella misma es en sí y en todo momento
su milagro, su recompensa, su prueba, su «reino de Dios».

Tampoco esa fe se autoformula; lo que hace es *vivir,* oponiéndose a las fórmulas. Bien es cierto que el azar del medio
ambiente, del idioma, de la educación adquirida determina el
uso de una determinada serie de conceptos. El cristianismo primitivo empleó sólo ideas judeo-semíticas (como comer y beber
en la comunión, una idea de la que ha abusado la Iglesia, como
de todo lo judío, con tanta perversidad). Pero no veamos en esto
otra cosa que no sea un lenguaje de signos, una semiótica, una
ocasión para hacer uso de parábolas. Precisamente el no tomar
ningún término en su sentido literal constituye, para este antirrealista, la condición previa de toda posibilidad de expresión
verbal. Si hubiera hablado a los indios, habría utilizado los conceptos de Sankhya; si a los chinos, los de Laotsé, sin que ello
hubiera supuesto diferencia alguna.

En un sentido muy amplio cabría decir que Jesús tuvo una
gran «libertad de espíritu»; no le importaba nada fijo: la palabra
mata, todo lo que está fijo *mata.* Él opuso la idea de «vida» y la
experiencia de esa vida, la única que él conocía, a todo tipo de
palabra, fórmula, ley, fe y dogma. Se limitó a referirse a lo más
íntimo. «Vida», «verdad» o «luz» son las palabras que usó para
designar lo más íntimo. El resto —toda la realidad, toda la naturaleza, incluso el propio lenguaje— no tiene, para él, otro valor
que el de un signo, un símbolo.

Hay que esforzarse, sin embargo, para no incurrir aquí en un error, por muy seductor que resulte el prejuicio cristiano, es decir, *eclesiástico*. Ese simbolismo por excelencia está fuera de toda religión, de toda idea de culto, de todo conocimiento científico, de toda política, de toda psicología, de toda literatura, de todo arte. Su «sabiduría» consiste precisamente en la *pura necedad,* en el puro desconocimiento de la existencia de todo eso. No supo lo que es la *cultura* ni de oídas, no tuvo que luchar contra ella, no la negó. Lo mismo ocurre respecto al Estado, a todo orden social, a toda sociedad civil, al *trabajo* y a la guerra. Nunca tuvo ocasión de negar «el mundo»; nunca le pasó por la cabeza la idea eclesiástica de «mundo». Precisamente la *negación* era algo totalmente imposible para él. Carecía, igualmente, de dialéctica, de la idea de que una fe, una «verdad» se puedan probar mediante argumentos (*sus* pruebas son «iluminaciones» interiores, sensaciones internas de placer y de autoafirmación íntimas, simples «pruebas de fuerza»).

Una doctrina así no *puede* tampoco contradecir; con comprender que haya o que puede haber otras doctrinas, no es capaz de imaginarse en modo alguno una forma contraria de discurrir. Cuando se encuentre con alguien que profesa otra doctrina, lamentará su «ceguera» y lo compadecerá interiormente, pues él ve la «luz», pero no entrará en discusión alguna con él.

33

No hay en toda la psicología que se halla contenida en el evangelio la más mínima referencia a los conceptos de culpa y de castigo, lo mismo que al de recompensa. Se ha eliminado la idea de «pecado» y todo distanciamiento en la relación existente entre Dios y el hombre. *En eso consiste precisamente la «buena nueva».* No se promete la bienaventuranza eterna, ni aparece ésta vinculada a unas determinadas condiciones. Ella es la *única* realidad; el resto no son más que símbolos para expresarla.

Las consecuencias de un estado así se traducen en una nueva *práctica:* la práctica propiamente evangélica. No es una «fe» lo que distingue al cristiano. El cristiano actúa y se distingue por su forma *diferente* de obrar. A quien le hace algún mal no le ofrece resistencia ni con palabras ni en el corazón. Para él no hay diferencias entre extranjeros y nativos, judíos y no judíos (el «prójimo» es, en realidad, el que profesa su misma fe, el judío). No se enfada con nadie ni lo desprecia. No comparece ante los tribunales, ni se ajusta a sus formulismos («no presta juramento»). Bajo ningún concepto se separa de su mujer, ni aun en el caso de infidelidad manifiesta por parte de ella. En última instancia, todo esto se reduce a un único principio, es consecuencia de un único instinto.

La vida del Redentor se redujo a practicar *eso,* al igual que su muerte. Para relacionarse con Dios no necesitaba ya ni de fórmulas ni de ritos, ni siquiera de oraciones. Rompió con toda la doctrina judía relativa a la penitencia y al perdón. Sabía que sólo la *práctica* de la vida hace que nos sintamos «divinos», «bienaventurados», «evangélicos», «hijos de Dios» en todo momento. La «penitencia» y la «oración implorando perdón» no son vías que conduzcan a Dios. A él sólo se llega mediante *la práctica del evangelio;* ella es precisamente «Dios». Lo que el evangelio *eliminó* fue el judaísmo basado en las ideas de «pecado», «perdón de los pecados», «fe» y «redención por la fe». La «buena nueva» negó toda la doctrina *eclesiástica* del judaísmo.

La única realidad psicológica que se halla contenida en la idea de «redención» es el instinto certero de cómo hay que *vivir* para sentirse «en el cielo», para sentirse eterno, dado que practicando cualquier otra conducta *no* sentiríamos eso. *No* se trata de una nueva fe, sino de una nueva vida.

34

En lo que a mí me alcanza, ese gran simbolista que fue Jesús consideró que las únicas realidades, las únicas «verdades», son realidades interiores, y que todo lo demás (todo lo natural, lo espacial, lo temporal, lo histórico) no son más que signos, materia que da ocasión para hacer parábolas. La idea de «hijo del hombre» no dice relación a ninguna persona en concreto que pertenezca a la historia, a ninguna realidad singular e irrepetible, sino que es un hecho «eterno», un símbolo psicológico desvinculado de la noción de tiempo. Lo mismo cabe decir de la idea que ese simbólico arquetipo tenía de *Dios,* del «reino de los cielos» y de «hijo de Dios».

No hay nada menos cristiano que esas *vulgarizaciones eclesiásticas* que hablan de Dios como si fuera una *persona,* de un «reino de Dios» como si se tratara de algo que *ha de venir* y que se halla en un «más allá», de un «hijo de Dios» en términos de *la segunda persona* de la Trinidad. Todo eso es —valga la expresión— una *pedrada* en el ojo (¡y en un ojo clarividente!) del evangelio, un cinismo que, a nivel histórico y mundial, ha supuesto una burla de un símbolo, pese a que es evidente (aunque reconozco que no para todo el mundo) lo que significan los símbolos de «padre» y de «hijo». La palabra «hijo» hace referencia a que se ha accedido al sentimiento de que todo en general se transfigura (eso es la bienaventuranza), y la palabra «padre» designa precisamente ese sentimiento, un sentimiento de eternidad y de perfección. Me avergüenza pensar en lo que ha hecho la Iglesia de ese simbolismo. ¿No ha inscrito la Iglesia una leyenda similar a la de Anfitrión en el pórtico de la «fe» cristiana?[5] Y, por

---

[5] Nietzsche quiere decir que la Iglesia se ha inventado la leyenda de que la Virgen María concibió a Jesús por obra del Espíritu Santo, y no de su esposo José. Para decir esto, Nietzsche hace referencia a la leyenda según la cual Zeus, con la finalidad de tener relaciones amorosas con la virtuosa y fiel Alcmena, hubo de tomar la apariencia del esposo de ésta, Anfitrión. *(N. del T.)*

si fuera poco, ¿no ha convertido en un dogma (*mancillando así el hecho de la concepción*) la afirmación de que Jesús no fue concebido por obra de varón?

El «reino de los cielos» es un estado del corazón, no lago situado en un «más allá» de la tierra a lo que se llega «después de la muerte». No hay *ninguna referencia* en todo el evangelio a la idea de muerte natural: la muerte no es un puente, ni un tránsito. No se habla de muerte porque ésta pertenece a un mundo totalmente distinto: a un mundo aparente, que sólo tiene la *utilidad* de suministrar signos. La «hora de la muerte» *no* es una idea de Cristo, pues, para el maestro de la «buena nueva», la idea de «hora», la vida física y sus crisis no tienen existencia alguna. El «reino de Dios» no es algo que haya que esperar; no tiene un ayer ni un mañana lejano; no llegará dentro de «mil años»; es una experiencia vivida en el corazón; está en todas partes, no en un lugar en concreto.

35

Este mensajero de la «buena nueva» murió del mismo modo que vivió, como lo había *enseñado;* no para «redimir a la humanidad», sino para mostrar cómo hay que vivir. Lo que legó a la humanidad fue la *práctica:* la forma como se comportó ante sus jueces, sus verdugos y sus acusadores, frente a todas las calumnias y burlas que hubo de sufrir; su actitud cuando estaba clavado en la *cruz.* No ofreció resistencia, ni defendió sus derechos; no hizo lo más mínimo para alejar de sí la situación extrema a la que se vio abocado: más aún, la *provocó.* Oró, sufrió, amó *con* quien y *en* quien le causó dolor. *No* se defendió, *no* montó en cólera, no hizo a nadie responsable. Por el contrario, no ofreció resistencia ni siquiera a los malos, sino que *los amó.*

36

Sólo nosotros, los espíritus *que nos hemos liberado,* estamos en condiciones de entender lo que durante diecinueve siglos se ha interpretado mal: esa sinceridad, traducida en algo instintivo y apasionado, que hace la guerra a la «mentira santa» más que a ninguna otra falsedad. ¡Qué lejos han estado los hombres de esta amorosa y cautelosa neutralidad nuestra, de esa disciplina del espíritu que constituye lo único que permite captar cosas tan singulares y tan sutiles! Con un egoísmo desvergonzado, se ha buscado en todo momento la utilidad *personal.* La Iglesia ha sido edificada sobre la base de una oposición radical al evangelio.

Quien busque pruebas para demostrar la existencia de un dios irónico que mueve los hilos del gran teatro del mundo, hallará un argumento más que suficiente en ese *gigantesco signo de interrogación* que se llama cristianismo. ¿Hay una forma mayor de *ironía a escala de historia universal* que el hecho de que la humanidad se encuentre de rodillas ante la antítesis de lo que fue el origen, el sentido y el *derecho* del evangelio; que haya santificado con la idea de «Iglesia» aquello precisamente que el mensajero de la «buena nueva» consideró por *debajo* de él y *superado*?

37

¿Cómo nuestra época, que se siente tan orgullosa de su sentido histórico, ha podido llegar a creerse el sin sentido de que el cristianismo comenzó con esa *burda fábula de un hacedor de milagros y de un redentor,* y de que todo lo espiritual y simbólico constituye el fruto de una evolución posterior? Por el contrario, la historia del cristianismo, desde que Cristo murió en la cruz, es la historia de una mala interpretación, cada vez más tosca, de un simbolismo *originario.*

Conforme se fue extendiendo el cristianismo en masas cada vez más amplias, más salvajes y más alejadas del clima espiritual en el que surgió aquel, se fue haciendo más necesario *vulgarizarlo, barbarizarlo*. El cristianismo absorbió, así, doctrinas y ritos de todos los cultos subterráneos del imperio romano, el absurdo de todo tipo de razón enferma. La fe del cristianismo se vio necesariamente destinada a convertirse en algo tan enfermo, tan bajo y tan vulgar como enfermas, bajas y vulgares eran las necesidades que había de satisfacer. La *barbarie enferma* por antonomasia terminó acumulando poder bajo la forma de Iglesia, es decir, bajo ese tipo de enemistad mortal a toda sinceridad, a toda *altura* de alma, a toda disciplina espiritual, a toda humanidad veraz y bondadosa.

Sólo nosotros, los espíritus *que nos hemos liberado,* hemos vuelto a poner frente a frente, en la mayor contraposición de valores que se puede establecer, los valores cristianos y los valores *aristocráticos*.

38

Al llegar aquí, no consigo reprimir un sollozo. Hay veces en que me siento asaltado por un sentimiento más sombrío que la más negra de las melancolías: *el desprecio hacia los hombres.* Y para que no haya lugar a dudas sobre qué es lo que desprecio y a *quién* desprecio, diré que es el hombre actual, el hombre de quien estoy destinado fatalmente a ser contemporáneo. El sucio aliento de ese hombre actual me asfixia.

Como todos los hombres que han llegado a tener conocimiento, soy enormemente tolerante para con el pasado; es decir, me domino a mí mismo de una forma *magnánima*. Paso revista con una precaución melancólica a esa casa de locos que ha sido el mundo durante miles de años, y a la que se le ha llamado «cristianismo», «fe cristiana» o «Iglesia cristiana». No trato de hacer responsable a la humanidad de sus enfermedades mentales, pero mis sentimientos cambian, estallan, cuando llego a la época moderna, a *nuestra* época.

Nuestra época es una época *informada*. La que en otros tiempos no fue sino una enfermedad ha pasado a ser hoy algo indecente. Hoy en día es indecente ser cristiano. *Y aquí empieza mi asco*. Miro en torno a mí y ya no veo ni rastros de lo que antaño se llamó «verdad». Ya ni siquiera soportamos que un sacerdote ponga en sus labios la palabra «verdad».

Pero por muy modestas que sean nuestras exigencias de sinceridad, hoy *debemos* saber que en cada frase que dice un teólogo, un sacerdote o un papa no sólo hay un error, sino también una *mentira;* que ya no tienen la disculpa de mentir por «inocencia» o por «ignorancia». Al igual que todo el mundo, el sacerdote sabe que ya no hay «Dios», ni «pecadores», ni «redentor»; que los conceptos de «voluntad libre» y de «orden moral del mundo» no son más que mentiras. La seriedad y la íntima victoria espiritual que hemos alcanzado sobre nosotros mismos no *permiten* ya a nadie *ignorar* estas cosas.

Todas las ideas de la Iglesia aparecen hoy ante nosotros como lo que son: la peor superchería que se ha llevado a cabo para desvalorizar a la naturaleza y a los valores naturales. El propio sacerdote aparece como lo que es: el parásito de la peor especie, la araña que envenena la vida. Hoy sabemos, nuestra conciencia sabe, *qué* valor tienen y *para qué han servido* todos esos inventos siniestros de los sacerdotes y de la Iglesia con los que se llegó a una situación de autodeshonra de la humanidad tal que su sola visión produce asco. Las ideas de «más allá», de «juicio final», de «inmortalidad del alma» e incluso la de «alma» constituyeron instrumentos de tortura, métodos de crueldad mediante los cuales el sacerdote llegó a imponerse y a perpetuar su poder.

Esto lo sabe todo el mundo, *y, sin embargo, nada ha cambiado*. ¿Dónde podremos encontrar el último sentimiento de pudor y de respeto hacia nosotros mismos, si hasta nuestros hombres de Estado, que por lo demás son personas muy sinceras que actúan de una forma totalmente anticristiana, se siguen considerando cristianos y no tienen empacho en ir a comulgar? ¡Un joven káiser [6], al frente de sus regimientos, en una magnífica expresión del egoísmo y del orgullo de su pueblo, declarándose cristiano, sin el más mínimo pudor!

Pero, ¿qué es, entonces, lo que niega el cristianismo? ¿Qué es lo que entiende por «mundo»? Ser soldados, jueces, patriotas, defendernos, conservar nuestro honor, atender a nuestro provecho, ser *orgullosos,* todas nuestras constantes actuaciones prácticas, todo instinto, toda valoración que se traduzca en *actos* son hoy anticristianos. ¡Qué *cúmulo de falsedades* tiene entonces que ser el hombre moderno para *no avergonzarse* de seguir llamándose cristiano!

39

Voy a volver otra vez hacia atrás y a contar la *verdadera* historia del cristianismo. Ya la palabra «cristianismo» constituye un error. En realidad, no ha existido más que un cristiano: el que murió en la cruz. El «evangelio» murió en la cruz. Lo que desde entonces se llamó «evangelio» significó la antítesis de lo que *él* vivió: una *«mala* nueva», todo lo contrario al evangelio. Es falso hasta el absurdo considerar que un «dogma» (el de la redención gracias a Cristo, por ejemplo) representa lo más característico de un cristiano. Únicamente es cristiana la *práctica* de Cristo, una vida de la forma en que la *vivió* el que murió en la cruz.

Esa vida sigue siendo hoy posible, y para *determinados* hombres resulta incluso necesaria. El auténtico cristianismo, el

[6] Se refiere al emperador de Alemania Guillermo II. *(N. del T.)*

de los orígenes, será posible en toda época. *No* se trata de un crecer, sino de un hacer; sobre todo de un *no* hacer muchas cosas, de una forma distinta de *ser*. Los estados de conciencia, cualquier creencia (considerar que algo es verdad, por ejemplo) son, en realidad, algo totalmente indiferente y de quinto orden (y esto lo sabe todo psicólogo) en comparación con el valor que tienen los instintos. Dicho con mayor precisión: toda idea de causalidad espiritual es falsa. Reducir la condición de cristiano, la cristiandad, al hecho de considerar que algo es verdad, a un simple fenómeno de conciencia, equivale a negar esa cristiandad. En realidad, *nunca ha habido cristianos*. El «cristiano», lo que desde hace dos mil años se ha llamado un cristiano, no es más que un autoengaño psicológico. Si miramos con lupa a ese «cristiano», veremos que, a pesar de toda su «fe», en él no han dominado más que los instintos. ¡Y qué instintos!

En todas las épocas (por ejemplo, en la de Lutero), la «fe» ha sido sólo una capa, un pretexto, un *velo* tras el cual los instintos cumplían su papel, una *ceguera* inteligente respecto al dominio ejercido por *determinados* instintos. A pesar de esa fe de la que constantemente se ha hablado y a la que antes llamé la verdadera *sagacidad* del cristianismo, siempre se ha *actuado* por instinto. En el mundo de representaciones del cristiano no hay nada que mantenga el más mínimo contacto con la realidad. Por el contrario, hemos visto que el único elemento impulsor que aparece en la raíz misma del cristianismo es el odio instintivo a toda realidad.

¿Qué se deduce de esto? Que este error es también radical a nivel psicológico, es decir, que determina la esencia, que es *sustancial*.

Si le quitamos *un* concepto tan sólo y lo sustituimos por una realidad, todo el cristianismo se verá reducido a la nada. Visto desde las alturas, el hecho tan singular de que una religión no sólo esté configurada por errores, sino que, además, *sólo* lo esté por errores nocivos, por errores que envenenan la vida y el corazón, constituye una auténtica inventiva, algo incluso genial, *un espectáculo digno de dioses:* de esos dioses que son al mismo tiempo filósofos y con los que yo me encontré en los célebres diálogos de Naxos[7]. En cuanto desaparece su asco (¡y el nuestro!), termina resultándoles grato el espectáculo que les ofrece el cristianismo. Tal vez por este caso tan curioso, el pequeño y pobre astro llamado Tierra merezca que los dioses lo miren y que se interesen por él.

No infravaloremos, entonces, al cristiano; pues ese cristiano, falso *hasta la inocencia,* supera en mucho al mono. Si, de acuerdo con la famosa teoría evolucionista, afirmamos que el cristiano desciende del mono, le estaremos diciendo una galantería.

40

El destino del evangelio quedó decidido en el momento mismo de la muerte; quedó pendiente de la «cruz». Sólo la muerte en la cruz, esa muerte infamante e inesperada, que por lo general estaba reservada exclusivamente a la canalla, esa paradoja tan horrible fue lo que hizo que los discípulos se plantearan el auténtico interrogante: «*¿Quién* fue?, *¿qué* fue?» Es muy comprensible que sus sentimientos se vieran afectados e incluso ofendidos en lo más íntimo, que sospecharan de que quizá una muerte así significaba la *refutación* de su causa, que se preguntaran horrorizados por qué su maestro había muerto precisamente de esa forma.

Todo aquello *tenía que* ser necesario, poseer un sentido, una explicación, una razón suprema. El amor de un discípulo no tiene en cuenta el azar. Sólo entonces quedó abierto el abismo:

[7] Los dioses a los que se refiere Nietzsche son Teseo, Dioniso y Ariadna. El autor pensaba escribir un diálogo entre ellos, y así lo prometió en *Más allá del bien y del mal,* pero de esta empresa sólo llevo a cabo unos breves apuntes. *(N. del T.)*

«*¿Quién* lo ha matado?, *¿quién* era su enemigo declarado?*»* La pregunta saltó de un modo fulminante. Y la respuesta fue: el judaísmo dominante, su estamento rector. Desde entonces, los discípulos se consideraron rebeldes *contra* el orden establecido, y posteriormente concibieron a Jesús como a un ser que se había *rebelado* contra dicho orden. Hasta ese momento su imagen *no presentaba* ese rasgo belicista y negador de palabra y de obra; más aún, ese rasgo estaba en contradicción con su auténtica realidad.

Es evidente que la reducida comunidad cristiana *no* entendió lo que significaba exactamente, de forma esencial y ejemplar, esa forma de morir: la liberación de toda forma de resentimiento y la superación del mismo. Ello indica lo poco que llegaron a entender a Jesús. Con su muerte, Jesús no pudo querer en sí otra cosa que ofrecer públicamente la prueba más concluyente, la *demostración* de su doctrina. Pero sus discípulos estaban muy lejos de *perdonar* esa muerte, lo cual habría resultado evangélico en el más alto grado, y menos aún de *entregarse* a una muerte semejante con el corazón embriagado por una paz dulce y serena.

El sentimiento que acabó por imponerse una vez más fue precisamente el menos evangélico de todos: *la venganza*. Era imposible que esa muerte hubiese puesto punto final a su causa. Se requería una «reparación», un «juicio», pese a que las ideas de «reparación», «castigo» y «juicio» resultaban totalmente ajenas y contrarias al evangelio. Reapareció la esperanza popular en la llegada de un Mesías, y esta expectativa respondió a las exigencias de un momento histórico: el «reino de Dios» descendería a este mundo para juzgar a sus enemigos.

De este modo, la concepción evangélica quedó totalmente trastocada: el «reino de Dios» fue entendido en términos de un acto final, de una promesa; cuando precisamente lo que el evangelio señalaba era que el «reino de Dios» estaba ahí, que se había cumplido, que era una *realidad*. La muerte de Cristo *era* precisamente ese «reino de Dios».

Fue en este momento cuando se proyectó sobre la figura de Jesús todo ese desprecio y toda esa amargura contra los teólogos y los fariseos, con lo que *convirtieron* al maestro en un fariseo y en un teólogo más. Por otra parte, la veneración, convertida ya en fanatismo, de esas almas desquiciadas no pudo seguir soportando la enseñanza de Jesús de que todos los hombres tienen idéntico derecho a ser hijos de Dios. Su venganza consistió en *elevar* a Jesús de una manera desmesurada, en desvincularlo incluso de sus propios discípulos. En realidad no hicieron otra cosa que lo que antaño habían llevado ya a cabo los judíos cuando, en un afán de venganza contra sus enemigos, habían alejado a su Dios de ellos mismos para elevarle a las alturas. Las ideas de un Dios único y de un único hijo de Dios no fueron otra cosa que un producto más del resentimiento.

41

Fue entonces cuando se planteó una cuestión absurda: «¿Cómo había *podido* Dios permitir eso?» Y la perturbada razón de aquella pequeña comunidad respondió de una forma auténticamente terrible y absurda: Dios había ofrecido a su hijo como *víctima* para remisión de todos los pecados. Con ello se liquidaba el evangelio de un plumazo. El *sacrificio expiatorio,* y en su forma más repugnante, más bárbara, el sacrificio del *inocente* para pagar los pecados de los culpables, era un horrendo paganismo.

¿No había eliminado Jesús, efectivamente, el concepto mismo de «culpa»?; ¿no había suprimido todo abismo entre Dios y el hombre?; ¿no había *vivido* esa unidad de Dios y hombre, que era precisamente en lo que consistía *su* «buena nueva»? ¡Y ello *no* como un privilegio!

Desde ese momento se fueron incorporando sucesivamente al tipo del redentor la doctrina del juicio y de la segunda venida de Cristo, la idea de la muerte entendida como sacrificio, el dogma de la *resurrección;* mientras que se escamoteaba todo el concepto de «bienaventuranza», que era la única y total realidad del evangelio, en aras de un estado *posterior* a la muerte.

San Pablo, con esa insolencia de rabino que le caracterizó, le dio una forma lógica a esta *desvergonzada* concepción: «Si Cristo no resucitó de entre los muertos, vana es nuestra fe.» De repente, convirtieron el evangelio en la más despreciable de todas las promesas incumplibles: la *desvergonzada* doctrina de la inmortalidad personal. Y, por si fuera poco, san Pablo la predicó interpretándola en términos de *premio.*

42

Ahora ya podemos ver claramente a *qué* puso punto final la muerte de Cristo en la cruz: a un nuevo movimiento totalmente originario, similar al budista en cuanto a su carácter pacífico, encaminado a conseguir *la felicidad en la tierra, no* como algo meramente prometido, sino como una realidad efectiva. Pues, como ya he dicho, la diferencia existente entre estas dos religiones de la decadencia es que el budismo no promete pero cumple, mientras que el cristianismo lo promete todo pero *no cumple nada.*

A la «buena nueva» le sucedió inmediatamente *la peor de todas:* la de san Pablo. En san Pablo se encarna el tipo totalmente opuesto al del mensajero de la «buena nueva», el genio respecto al odio, a la visión del odio y a la lógica inexorable del odio. ¡Cuántas cosas sacrificó al odio este mensajero de la «mala nueva»! Ante todo, empezó por clavar al redentor en *su* cruz. La vida, el ejemplo, la doctrina, el sentido y el derecho de todo el evangelio dejaron de existir cuando este farsante movido por el odio se dio cuenta de qué era lo único que podía serle útil. Por supuesto, rechazó toda realidad y toda verdad histórica. Una vez más, el instinto sacerdotal del judío cometió el mismo gran crimen contra la historia: borró sin más el pasado cercano y remoto del cristianismo, y *se inventó una historia del cristianismo primitivo*. Por si fuera poco, falseó nuevamente la historia de Israel para hacer que apareciera como la prehistoria de su acción. A todos los profetas les hizo hablar de su «redentor». Posteriormente, la Iglesia llegó a falsear incluso la historia de toda la humanidad para convertirla en la prehistoria del cristianismo.

Lo que fue realmente el redentor, su doctrina, su práctica, su muerte, el sentido de su muerte, incluso lo que sucedió después de su muerte, nada quedó intacto, nada conservó el más mínimo parecido con la realidad. San Pablo trasladó, ni más ni menos, el centro de gravedad de toda esa existencia a un punto ubicado *detrás* de la misma: lo situó en esa *mentira* que supone la idea de un Jesús «resucitado». En realidad la vida del redentor le podía valer de muy poco; lo que necesitaba era su muerte en la cruz, *e* incluso algo más.

Ningún psicólogo cometería la estupidez de dar crédito a san Pablo, procediendo como procedía de la sede principal de la ilustración estoica, y cuando su *prueba* de que el redentor *sigue* vivo se apoya en una alucinación; alucinación que, por otra parte, hasta es muy dudoso que tuviera. San Pablo quería el fin y, *en consecuencia,* quiso también los medios... Lo que él nunca se creyó, se lo creyeron los imbéciles entre los cuales sembró su doctrina. Necesitaba el *poder,* y con san Pablo, una vez más, trató el sacerdote de alcanzarlo. Para ello no podía valerse más que de esos conceptos, doctrinas y símbolos con los que se tiraniza a las masas y se las convierte en rebaños. *¿Qué* fue lo único que Mahoma tomaría después del cristianismo? La invención de san Pablo, su forma de imponer la tiranía sacerdotal, de formar rebaños: la creencia en la inmortalidad, es decir, la doctrina del «juicio final».

43

Cuando *no* se sitúa en la vida su centro de gravedad, sino en el «más allá», en la nada, se le despoja a aquélla de su centro de gravedad. La gran mentira de la inmortalidad personal le quita al instinto todo lo que tiene de razón, de naturaleza. Desde ese momento, todo lo que hay en los instintos de beneficioso, de favorecedor de la vida y de asegurador del futuro, despierta desconfianza. El sentido de la vida se convierte entonces en vivir *de manera* que ya no tenga *sentido* vivir. ¿De qué sirve, pues, el sentido comunitario, la gratitud a los orígenes y a los antepasados? ¿Para qué colaborar, confiar e impulsar y favorecer cualquier forma de bien general? Todo ello son «tentaciones», desviaciones del «camino recto», puesto que «sólo una *cosa* es necesaria».

Todo individuo, como poseedor de un «alma inmortal», ocupa el mismo nivel jerárquico que los demás. En el conjunto de los seres, la «salvación» de *todo* individuo exige que revista una importancia eterna. Cualquier beaturrón medio loco tiene el derecho a imaginarse que por él se *transgreden* a cada paso las leyes de la naturaleza. Nunca maldeciremos con suficiente desprecio una intensificación como ésta de toda suerte de egoísmo, que llega hasta el infinito y hasta la *desvergüenza*. Y, sin embargo, el cristianismo le debe su *victoria* a *esa* adulación deplorable de la vanidad personal. Merced a ella, ha convencido a que le sigan fielmente a todos los fracasados, a todos los individuos que albergan sentimientos de rebeldía, a todos los que no han conseguido lo que se proponían, a toda la escoria y la hez de la humanidad. La «salvación del alma» equivale, hablando en plata, a afirmar que «el mundo gira en torno a mí».

El cristianismo ha difundido de la manera más intensa el veneno de esa doctrina que afirma que «todos tenemos *los mismos* derechos». El cristianismo ha hecho una guerra a muerte, desde los más recónditos rincones de los malos instintos, a todo sentimiento de respeto y de distancia posible entre los seres humanos; es decir, ha combatido el *fundamento* y la base de toda elevación, de todo avance de la cultura. Ha convertido en su *arma principal* el resentimiento de las masas contra *nosotros,* contra todo individuo aristocrático, alegre y generoso que pueda haber en la Tierra; contra nuestra felicidad en la Tierra. Conceder la «inmortalidad» a cualquier hijo de vecino ha supuesto el atentado mayor y más perverso que se ha cometido hasta hoy contra la humanidad *aristocrática.*

¡Y no restemos importancia a la fatalidad que, a partir del cristianismo, se ha introducido incluso en la política! Nadie tiene hoy ya el valor de exigir un privilegio, un derecho señorial, un sentimiento de respeto hacia él mismo y hacia los que son como él, un *pathos del distanciamiento.* La *enfermedad* de nuestra política radica en esa falta de valentía. La sensibilidad hacia lo aristocrático ha sido socavada de la forma más subterránea por esa mentira de que todas las almas son iguales. Que nadie lo dude: si la creencia en «los derechos de la mayoría» ha hecho y hará revoluciones, el cristianismo y sus juicios de valor han convertido esas revoluciones en una ola de crímenes y de sangre. El cristianismo es una rebelión de todo el que se arrastra por el suelo contra todo lo que tiene altura. El evangelio de los «viles» *envilece.*

44

Los evangelios significan una cantera inapreciable de datos que corroboran la ya imparable corrupción que existía *en el seno de* la primera comunidad cristiana. Lo que san Pablo llevó a sus últimas consecuencias con el cinismo lógico de un rabino, no fue, sin embargo, sino el proceso de decadencia que se inició con la muerte del redentor. Toda precaución es poca para leer esos evangelios; detrás de cada frase se esconde una dificultad. Reconozco que precisamente por esto —y espero que no se me interprete mal— constituyen para un psicólogo una fuente de placer de primera magnitud, puesto que son la *antítesis* de toda corrupción ingenua, el refinamiento por antonomasia, la obra maestra en el arte de corromper psicológicamente a los seres humanos.

Los evangelios son algo fuera de lo común; la Biblia entera se halla por encima de toda posible comparación. Para no perder de vista el hilo, consideremos ante todo que estamos entre judíos. La elevación de lo personal a la categoría de lo «santo», que alcanza en este caso un nivel de genialidad no logrado jamás por ningún otro libro ni por ningún ser humano, esa falsedad de palabra y de obra hecha arte, no es el fruto casual del don de un individuo, de un carácter personal fuera de serie. Es el producto de una *raza*. Todo el judaísmo, con su aprendizaje y su técnica seculares y rígidos, logra su obra maestra en el cristianismo en cuanto al arte de mentir santamente. Esa *última ratio* de la mentira que es el cristianismo representa al judío elevado al cuadrado e incluso *al cubo*. La voluntad decidida de no usar más que ideas, símbolos y acciones garantizados por la práctica del sacerdote, el rechazo instintivo de todas las *demás* prácticas, de cualquier *otro* tipo de perspectiva valorativa y utilitaria, no constituye sólo una tradición: es una *herencia,* pues sólo por ser algo heredado actúa como una naturaleza.

Toda la humanidad, incluidas las mejores cabezas de las mejores épocas (a excepción de una sola que quizá era un monstruo), se ha dejado embaucar. El evangelio ha sido considerado como *el libro de la inocencia,* lo cual constituye una prueba considerable de la maestría con que se ha representado la comedia. Bien es cierto que si hubiésemos visto, aunque sólo fuera de pasada, a todos esos portentosos santurrones, a todos esos santos fingidos, el tinglado entero se habría venido abajo; y si *para mí se ha venido abajo,* es porque yo no leo ni una sola palabra sin fijarme en los gestos que la acompañan. No soporto esa forma que tienen de elevar los ojos al cielo. Afortunadamente, la mayor parte de la gente considera que los libros no son más que simple *literatura.* No hay que dejarse engañar: «no juzguéis» dicen los mismos que envían al infierno a todo el que se interpone en su camino. Al hacer que sea Dios el que juzgue, son ellos mismos quienes lo hacen; al ensalzar a Dios, se ensalzan a sí mismos; al exigir únicamente aquellas virtudes que pueden practicar —mejor aún, que necesitan para conservar su situación de privilegio— ofrecen la grandiosa apariencia de que luchan por la virtud, por el triunfo de la virtud.

«Nosotros vivimos, morimos y nos sacrificamos *por el bien*», (por la «verdad», por la «luz», por el «reino de Dios»; realmente no hacen otra cosa que lo que no pueden dejar de hacer. Cuando se abren camino con un aire santurrón, cuando se quedan agazapados en un rincón, cuando vegetan ocultos entre las sombras, están convirtiendo todo eso en un *deber:* al vivir la vida como un deber, su vida aparece como humildad, y al vivir la vida con humildad, esa vida constituye una muestra más de su piedad. ¡Menuda es esa especie de falsedad humilde, casta y compasiva! «La propia virtud debe testimoniar en favor nuestro.»

Hay que considerar los evangelios como unos libros cuyo poder de seducción reside en la *moral.* Esa gentecilla, que sabe la importancia que tiene la moral, se apresuran a confiscarla. Y es que no hay nada mejor que la moral para tener agarrada a la humanidad por el pescuezo. Tras esta modestia aparente se esconde en realidad *la arrogancia* consciente *de quien se cree elegido,* de quien se sitúa, para toda la eternidad, a sí mismo y pone a la «comunidad», a los «buenos y justos», a un lado, el lado de la verdad, y al resto, al «mundo», al otro... Éste ha sido el tipo más funesto de delirio de grandeza que se ha dado hasta hoy sobre la Tierra. Estos insignificantes y perversos beatos y embusteros empezaron a monopolizar los conceptos de «Dios», «verdad», «luz», «espíritu», «amor», «sabiduría», «vida», como si tales ideas fueran, por así decirlo, sinónimos de ellos mismos, para trazar así un límite entre ellos y el «mundo». Esos enanos de un judaísmo en grado superlativo, carne de manicomio, orientaron los valores hacia *sí mismos,* como si únicamente el cristiano fuera el sentido, la sal, la medida e incluso *el juicio inapelable y definitivo* de todo lo demás.

Toda esa falsedad sólo fue posible por el hecho de que ya existía en el mundo una especie semejante, radicalmente semejante, de delirio de grandeza: el delirio de grandeza característico del judío. Cuando se abrió el abismo entre judíos y judeocristianos, no les quedó a estos últimos otra alternativa que utilizar *contra* los judíos los mismos procedimientos para sobrevivir que había dictado el instinto judío, mientras que los judíos habían estado hasta entonces empleando esos procedimientos contra lo no judío exclusivamente. En realidad, el cristiano no es más que un judío de confesión «más libre».

45

Ofreceré ahora algunas muestras de lo que esa gentecilla se metió en la cabeza y *se lo atribuyó* a su maestro. ¡Vaya unas confesiones de «almas hermosas»! [8]

«... y si un lugar no os recibe ni os escucha, al salir de allí sacudid el polvo de vuestros pies en testimonio contra ellos»

---

[8] Para las citas bíblicas, utilizo la traducción al castellano de Eloíno Nácar y Alberto Colunga. *(N. del T.)*

(Marcos, 6,11). «En verdad os digo que más tolerable suerte tendrá la tierra de Sodoma y Gomorra en el día del juicio que aquella ciudad» (Mateo 10,15). ¡Muy acorde con el espíritu *evangélico!*

«... y el que escandalizare a uno de estos pequeñuelos que creen, mejor le sería que le echasen al cuello una rueda de molino y le arrojasen al mar» (Marcos 9,42). ¡Muy acorde con el espíritu *evangélico!*

«Y si tu ojo te escandaliza, sácatelo; mejor te es entrar tuerto en el reino de Dios que con ambos ojos ser arrojado en la gehenna, donde ni el gusano muere ni el fuego se apaga» (Marcos, 9,47 y 48). No es precisamente al ojo a lo que aquí se está aludiendo.

«Y les dijo: En verdad os digo que hay algunos de los aquí presentes que no gustarán la muerte hasta que vean venir en poder el reino de Dios» (Marcos, 9,1). ¡Menuda mentira!

«El que quiera venir en pos de mí, niéguese a sí mismo, tome su cruz y sígame. *Pues...*» (*Observación de un psicólogo:* La moral cristiana queda refutada por sus «pues»: sus «razones» refutan; eso es lo cristiano.) (Marcos 8,34).

«No juzguéis y no seréis juzgados, porque con el juicio con que juzgareis seréis juzgados y con la medida con que midierais se os medirá» (Mateo, 7,1). ¡Vaya una idea de lo que debe ser la justicia y un juez «justo»!

«Pues si amáis a los que os aman, ¿qué recompensa tendréis? ¿No hacen esto también los publicanos? Y si saludáis solamente a vuestros hermanos, ¿qué hacéis de más? ¿No hacen eso también los gentiles?» (Mateo, 5,56 y 47). He aquí un principio del «amor cristiano»: querer, en última instancia, ser bien *pagado*.

«Pero si no perdonáis a los hombres las faltas suyas, tampoco vuestro Padre os perdonará vuestros pecados (Mateo 6,15). ¡Menudo compromiso para ese «padre» al que se hace referencia!

«Buscad, pues, primero al reino (de Dios) y su justicia, y todo eso se os dará por añadidura» (Mateo, 6,33). Ese «todo eso» se refiere, nada más y nada menos, a la comida, a la ropa, a todo lo que se necesita para vivir. ¡Menudo *error*!, por no decir otra cosa peor. Poco antes Dios aparece como un sastre, al menos en determinadas ocasiones....

«Alegraos en aquel día y regocijaos, pues vuestra recompensa será grande en el cielo. Así hicieron sus padres con los profetas» (Lucas, 6,23).¡Qué chusma más *sinvergüenza*! ¡Hasta se atreve a compararse con los profetas!

«¿No sabéis que sois templo de Dios y que el Espíritu de Dios habita en vosotros? Si alguno profana el templo de Dios, Dios lo destruirá. Porque el templo de Dios es santo, y ese templo sois vosotros» (Pablo, I Corintios, 3,16 y 17). ¿Con qué grado de desprecio habrá que rechazar unas palabras así?

«¿Acaso no sabéis que los santos han de juzgar al mundo? Y si habéis de juzgar al mundo, ¿seréis incapaces de juzgar esas otras causas más pequeñas?» (Pablo, I Corintios, 6,2). Por desgracia, no se trata sólo del discurso de un loco. Ese horrible impostor que fue san Pablo continúa diciendo textualmente: «¿No sabéis que hemos de juzgar aun a los ángeles? Pues mucho más las naderías de esta vida.»

«¿No ha hecho Dios necedad la sabiduría de este mundo? Pues por cuanto no conoció en la sabiduría de Dios el mundo a Dios por la humana sabiduría, plugo a Dios salvar a los creyentes por la locura de la predicación. (...) ... pues no hay entre vosotros muchos sabios según la carne, ni muchos poderosos, ni muchos nobles. Antes eligió Dios la necedad del mundo para confundir a los sabios y eligió Dios la flaqueza del mundo para confundir a los fuertes; y lo plebeyo, el desecho del mundo, lo que no es nada, lo eligió Dios para destruir lo que es, para que nadie pueda gloriarse ante Dios» (Pablo, I Corintios, 20, 21, 26, 27, 28 y 29). Para *entender* este pasaje, que constituye una manifestación de primerísimo orden de lo que es la psicología de toda moral de los parias (chandalas), véase el tratado primero de mi libro *La genealogía de la moral*. En él expuse por vez primera la antítesis existente entre una moral *aristocrática* y una moral de paria (chandala). Esta última surge del resentimiento y la impotencia para vengarse. San Pablo fue el mayor apóstol de la venganza.

46

¿Qué se deduce de esto? Pues que habría que ponerse guantes antes de leer el Nuevo Testamento. El tener que acercarse a tanta basura lo hace aconsejable. Del mismo modo que no tendríamos voluntariamente relaciones sociales con judíos polacos, tampoco elegiríamos para nuestro trato a unos «primeros cristianos». No hay que buscar razones contra ellos: simplemente es que tanto unos como otros despiden mal olor. He estado buscando inútilmente en todo el Nuevo Testamento un solo rasgo que me resultara simpático, pero no he visto en él nada que sea libre, bueno, franco, sincero. En ese libro la humanidad no ha evolucionado ni lo más mínimo: hasta falta el instinto de limpieza. En el Nuevo Testamento no hay más que malos ins-

tintos, y ni siquiera se les valora. Todo en él es cobardía, cerrar los ojos y engañarse uno mismo. Después de leer el Nuevo Testamento, cualquier otro libro nos parecerá limpio. Por poner un ejemplo, después de leer a san Pablo, he leído con mucho deleite a aquel burlón encantador y descarado que fue Petronio, a quien podría aplicarse lo que Domenico Boccaccio escribió al duque de Parma respecto a César Borgia: *é tutto festo;* inmortalmente sano, inmortalmente alegre y bien formado.

Esos santurrones de vía estrecha se equivocan precisamente en lo fundamental. Atacan, pero todo lo que es atacado por ellos lo tornan *distinguido* en virtud de su acción. Cuando un «cristiano primitivo» ataca a alguien, *no* lo mancha, sino todo lo contrario: es un honor tener en contra a un «primer cristiano». No podemos leer el Nuevo Testamento sin sentir simpatía por todo lo que allí se condena, y no hablemos ya de la «sabiduría de este mundo», que un atrevido cabecilla intentó inútilmente desprestigiar a base de «una prédica estúpida». Hasta los escribas y fariseos salen ganando al tener semejantes enemigos; algún valor deberían poseer cuando los odiaron de una forma tan indecorosa. ¡Menuda paradoja supone que los «primeros cristianos» los tachen a ellos precisamente de hipócritas! Pero no nos debemos extrañar: en última instancia, los escribas y los fariseos pertenecían a un estamento *privilegiado* y eso era suficiente, ya que el odio de paria (chandala) no necesita de ningún razonamiento para justificar sus dardos.

El «primer cristiano», y me temo que también el último» —*a quien tal vez yo llegue a ver aún en vida*— es, desde lo más íntimo de su instinto, un rebelde contra todo lo privilegiado: vive y lucha constantemente en pro de la «igualdad de derechos». Si nos fijamos un poco, veremos que no le queda otra alternativa. Si alguien pretende ser un «elegido de Dios», un «templo de Dios» o un «juez de los ángeles», cualquier *otro* principio de elección, que se base, por ejemplo, en la sinceridad, en la inteligencia, en la virilidad, en el orgullo, en la belleza o en la libertad del corazón, pasará a ser automáticamente el «mundo», *el mal en sí*. Moraleja: toda palabra que pronuncie un «primer cristiano» es una mentira; todo acto que realice es una falsedad instintiva, y todos sus valores y fines son nocivos. Pero *aquél* y *aquello* que odien *tienen por ello mismo un valor*. El cristiano —y principalmente el que además es sacerdote— constituye un *criterio de valor*.

No hay más que *un* personaje en todo el Nuevo Testamento que merezca nuestra consideración. Me refiero a Pilatos, el gobernador romano, el cual no pudo tomarse en serio lo que no era más que una disputa entre judíos. ¿Qué importancia tenía un judío más o un judío menos? La aristocrática ironía de un romano ante el que se había hecho un descarado abuso de la palabra «verdad», enriqueció el Nuevo Testamento con la única frase auténticamente *valiosa,* la que constituye su crítica e incluso su *aniquilamiento*. «¿Qué es la verdad?»

47

Lo que nos distingue no es que nosotros no hayamos descubierto a un Dios ni en la historia, ni en la naturaleza, ni en un más allá de ésta, sino que consideremos que lo que se ha venerado como Dios es algo lastimoso, absurdo, nocivo; que no sólo es un error, sino que significa *un crimen contra la vida*. Nosotros negamos a Dios, en cuanto Dios. Si nos *demostraran* que ese Dios de los cristianos existe, menos aún podríamos creer en él. En suma, *el Dios que creó san Pablo implica la negación de Dios.*

Una religión como el cristianismo, que no tiene ningún punto de contacto con la realidad, que se evapora en cuanto la realidad reclama sus derechos, aunque sólo sea en *un* ámbito, ha de ser enemiga mortal de la «sabiduría del mundo», es decir, de la *ciencia*. Una religión así considerará que todo medio es bueno si con él se puede envenenar, calumniar y *desacreditar* la disciplina del espíritu, la pureza y la rigidez en las cuestiones de conciencia del espíritu. Una «fe» impuesta representa un veto lanzado contra la ciencia, y, en la práctica, significa la mentira a toda costa.

San Pablo *comprendió* que esa mentira de la «fe» resulta necesaria; posteriormente, la Iglesia comprendería a su vez a san Pablo. El Dios que se inventó san Pablo, ese Dios que «reduce a la nada la sabiduría del mundo» (que, en su sentido más estricto, sería la filología y la medicina, las peores enemigas de toda superstición), no es, en realidad, otra cosa que la *decisión* firme de san Pablo de llamar Dios a su voluntad personal: el concepto de *thora* («doctrina») es algo esencialmente judío. Es san Pablo quien quiere aniquilar «la sabiduría del mundo». Sus enemigos son los buenos filólogos y médicos de la escuela de Alejandría, y a ellos trata de combatir. Realmente, no se puede ser filólogo y médico sin ser a la vez *anticristiano*. Un filólogo examina qué es lo que hay *detrás* de los «libros sagrados»; un médico investiga qué es lo que hay *detrás* de la degeneración fisiológica de este tipo al que llamamos cristiano. El médico diagnosticará que esa degeneración es incurable; el filólogo terminará viendo en sus «libros sagrados» una pura superchería.

48

¿Se ha entendido bien lo que significa la conocida historia que hay al principio de la Biblia, relativa al pánico atroz que experimenta Dios ante la *ciencia*? Evidentemente que no. Ese libro sacerdotal por excelencia comienza, como es evidente, con la mayor dificultad con que se enfrenta el sacerdote interiormente. Para él no hay nada más que un gran peligro: *luego* a «Dios» le tiene que suceder igual.

El antiguo Dios, espíritu pleno, sumo sacerdote pleno, perfección plena, se pasea tranquilamente por el paraíso. Pero se aburre. Y es que ni siquiera los dioses logran vencer el aburrimiento. ¿Qué hace? Inventa al hombre, y el hombre le resulta divertido. Pero también el hombre se aburre. Dios se apiadó entonces, hasta extremos ilimitados, de esa única molestia que provocan todos los paraísos y, acto seguido, creó también otros animales. Con ello cometió Dios su *primer* error, porque al hombre no le parecieron divertidos los animales: los dominó y no quiso pasar a ser un «animal» más. Ante esto, Dios creó a la mujer. Al momento acabó el aburrimiento, pero también se puso punto final a otras cosas. La mujer fue el *segundo* error de Dios. «En su esencia, la mujer, Eva, es la serpiente.» Esto lo sabe todo sacerdote. «De la mujer vienen *todos* los males al mundo.» También esto lo sabe todo sacerdote. «*En consecuencia,* también la *ciencia* procede de ella.» Sólo por medio de la mujer llegó el hombre a probar el fruto del árbol de la ciencia.

¿Qué sucedió entonces? Que un pánico terrible se apoderó de Dios. El propio hombre había sido un *máximo* fallo, porque se había creado un rival, ya que la ciencia hace a los hombres *iguales a Dios.* Si el hombre se hace científico, se acaban los sacerdotes y los dioses. Moraleja: la ciencia es en sí lo prohibido, lo único prohibido. La ciencia es el *primer* pecado, el germen de todo pecado, el pecado *original.* La moral se reduce a este imperativo: «No conocerás.» El resto no es más que una consecuencia de esto.

Con todo, el terrible pánico de Dios no oscureció su sagacidad. Durante mucho tiempo se estuvo preguntando: ¿Cómo es posible *defenderse* de la ciencia? Y su respuesta fue: expulsando al hombre del paraíso, porque la felicidad y la ociosidad incitan a pensar, y todo pensamiento es algo malo. El hombre no debe *pensar.* Y el «sacerdote en sí» inventó la indigencia, la muerte, el peligro mortal del embarazo, todo tipo de miserias, la vejez, el cansancio y, sobre todo, la *enfermedad,* como medios para luchar contra la ciencia. La indigencia *impide* al hombre pensar. No obstante, ocurrió algo espantoso: la obra del conocimiento se fue elevando como una torre que llegó a alcanzar el cielo, provocando el crespúsculo de los dioses. ¿Qué hacer entonces? El viejo Dios inventó la guerra, que separa a los pueblos entre sí y hace que los hombres se exterminen mutuamente. (Siempre han tenido los sacerdotes necesidad de la guerra.) Entre otras cosas, la guerra representa una grave perturbación para la paz que requiere la ciencia. Parecerá increíble, pero, a pesar de las guerras, fue aumentando el conocimiento y con él *la liberación del dominio ejercido por el sacerdote.* El viejo Dios tomó una última decisión: «Ya que el hombre se ha hecho científico, *no me queda otro remedio que ahogarlo.*»

49

Espero que se me habrá entendido. Ya en el principio de la Biblia se halla contenida *toda* la psicología del sacerdote. Para él no hay más que un grave peligro: la ciencia, la sana idea de causa y efecto. Pero, por lo general, la ciencia sólo avanza cuando se dan determinadas circunstancias que le son propicias: para «conocer» hay que disponer de tiempo, hay que tener inteligencia *de más.* «*En consecuencia,* hay que hacer al hombre desgraciado.» Ésta ha sido la lógica del sacerdote.

Ya podrá, pues, imaginarse el lector *qué* fue lo primero que, de acuerdo con esa lógica, se introdujo en el mundo: el «pecado». Las ideas de culpa y de castigo, todo el «orden moral del mundo», se inventaron *contra* la ciencia, contra la liberación del hombre respecto al sacerdote. El hombre *no* debe mirar afuera, sino recogerse en su interior; *no* debe leer *dentro de* las cosas con sagacidad y con prudencia para poder aprender; no debe mirar nada en absoluto: debe *sufrir,* y ha de hacerlo de tal forma que en todo momento necesite al sacerdote. ¡Abajo los médicos! *Lo que se necesita es un sacerdote.*

Las ideas de culpa y de castigo, incluidas las de «gracia», «redención», «perdón» —esas *mentiras* completas, exentas de toda realidad psicológica—, han sido inventadas para destruir en el hombre *el sentido de las causas:* representan un atentado contra el concepto de causa y efecto, y *no* un atentado con los puños, con un cuchillo, con un odio y un amor sinceros, sino un atentado surgido de los instintos más cobardes, astutos y ruines; un atentado propio de sacerdotes, de *parásitos,* un vampirismo característico de sanguijuelas blanquecinas y subterráneas.

Si se considera que las consecuencias naturales de un acto no son «naturales», sino que están producidas por ideas fantasmagóricas y supersticiosas, como «Dios», los «espíritus», las «almas», que son consecuencias puramente «morales» —un premio, un castigo, una señal, un medio educativo—, entonces quedará destruida la condición previa de todo conocimiento: *se habrá cometido el mayor crimen posible contra la humanidad.*

El pecado —no me importa repetirlo una vez más—, esa forma por antonomasia que tiene el hombre de deshonrarse a sí mismo, fue inventado para hacer imposible la ciencia, la cultura y todo lo que puede haber en el hombre de elevado y de aristocrático. El *dominio* del sacerdote se hace posible gracias a ese invento que es el pecado.

50

Al llegar aquí, no puedo menos que describir cuál es la psicología de la «fe», de los «creyentes», en beneficio, claro está, de esos mismos «creyentes». Si es que hay todavía alguien que no sabe lo *indecente* que es ser «creyente» o en qué medida constituye un síntoma de decadencia, de un quebrantamiento de la voluntad de vivir, pronto tendrá plena conciencia de ello, pues mi voz llega incluso al que es duro de oído.

Si no lo he entendido mal, parece que los cristianos tienen una especie de criterio de verdad, al que llaman «la prueba de fuerza». «Quien tenga fe se salvará: *en consecuencia, la* fe es verdadera.» Ante todo se podría objetar que no se ha demostrado esta salvación de los hombres, sino que únicamente se ha *prometido.* La salvación está condicionada a la fe: se *debe* alcanzar la salvación *puesto que* se cree. Pero, ¿cómo se demuestra lo que el sacerdote le promete al creyente para un «más allá», si ese «más allá» escapa a toda forma de verificación? En última instancia, pues la supuesta «prueba de fuerza» no es más que una creencia en la realización de lo que promete la fe. Expresándolo en una fórmula: «Creo que la fe salva, *luego* es verdadera.» Pero con esto ya hemos terminado. Ese «luego» equivale a considerar que el «absurdo» constituye un criterio de verdad.

Pero supongamos —lo que ya es mucho suponer— que se demuestra el hecho de que la fe salva, y no sólo que se desea o que ha sido prometido por la palabra un tanto sospechosa de un sacerdote. ¿Es que la salvación, la bienaventuranza o, por decirlo con una palabra más técnica, el *placer* constituyen una prueba de la verdad? Casi se podría decir que lo que prueba es lo contrario, pues cuando nos preguntamos «¿qué es la verdad?», interviniendo en nuestro interrogante sentimientos de placer, nos sentimos inducidos a sospechar grandemente respecto a la «verdad». La prueba del «placer» es una prueba *de* placer, una prueba agradable, y nada más. ¿En base a qué cabe establecer que los juicios *verdaderos,* por el hecho de serlo, producen más placer que los falsos y que, en virtud de una armonía preestablecida, reportan necesariamente sentimientos agradables?

La experiencia de todos los espíritus profundamente serios enseña *lo contrario.* Cualquier avance en el camino de la verdad se ha tenido que llevar a cabo mediante una lucha, en la que ha habido que entregar casi todo aquello a lo que se adhiere nuestro corazón, nuestro amor y nuestra confianza en la vida. Para ello se necesita una grandeza de alma, ya que servir a la verdad constituye el más duro de los servicios. Porque, ¿qué significa ser honrado en las cosas del espíritu? Significa ser inflexible con nuestro propio corazón, desdeñar los «bellos sentimientos», convertir en un caso de conciencia toda afirmación y toda negación. La fe salva, *luego* es falsa.

51

En una rápida visita a un manicomio podríamos constatar que en ocasiones la fe hace felices a los seres humanos, que la bienaventuranza no convierte sin más una idea fija en una idea verdadera, que la fe no mueve montañas, sino que las levanta donde no las hay. Pero a un sacerdote no le basta con esto: él, por instinto, niega que la enfermedad sea enfermedad y que un manicomio sea un manicomio. El cristiano *necesita* la enfermedad, al igual que los griegos necesitan una salud pletórica. El auténtico aunque inconfesado fin de todo el sistema de procedimientos de salvación de la Iglesia radica en *hacer* primero que el hombre se ponga enfermo. ¿Acaso no es la propia Iglesia el ideal último de crear un manicomio a escala mundial, de convertir la Tierra entera en una casa de locos?

El hombre religioso que *desea* la Iglesia es un decadente típico. Cuando un pueblo sufre una crisis religiosa, aparece característicamente una epidemia de enfermedades mentales. El «mundo interno» del hombre religioso se parece, hasta llegar a confundirse con él, al «mundo interno» de los individuos hiperexcitados y extenuados. Los estados «supremos» que el cristianismo ha situado por encima de la humanidad, como lo más valioso de todo, son los propios de sujetos epilépticos. La Iglesia sólo ha elevado a los altares, para mayor gloria de Dios, a locos y a grandes impostores.

En cierta ocasión me permití calificar todo el proceso cristiano de aprendizaje de penitencia y redención (que hoy se estudia en Inglaterra de un modo inmejorable) con el nombre de «locura circular». Ésta surge metódicamente, como es evidente, en un terreno previamente preparado para ello, es decir, radicalmente morboso. Nadie es libre de hacerse o no cristiano: nadie «se convierte» al cristianismo. Para hacerlo, se requiere estar bastante enfermo. Nosotros, que somos tan distintos y que *valoramos* tanto la salud como el desprecio, ¡en qué buena situación estamos para despreciar una religión que ha predicado mentiras sobre el cuerpo y que no desea desprenderse de las supersticiones del alma; que considera como un «mérito» una alimentación insuficiente; que ve la salud como una especie de enemigo, de demonio y de tentación, que hay que combatir; que está convencida de que se puede albergar un «alma perfecta» en un cuerpo cadavérico, y que para ello ha tenido que crear una nueva idea de «perfección» en términos de ese algo enfermizo, pálido y absurdamente exaltado a lo que llama «santidad»! ¡Pero si lo que llaman «santidad» se reduce a una serie de síntomas característicos de un cuerpo empobrecido, enervado e incurablemente corrompido!

Al ser un movimiento europeo, el movimiento cristiano es, desde un principio, un movimiento al que se han ido incorporando elementos de desecho y desperdicio de toda índole. Ese movimiento trató de alcanzar el poder con el cristianismo. No era la expresión de la decadencia de una raza, sino un conglomerado de distintos tipos de decadencia procedentes de todas partes, que se atraían entre sí. No fue, como se cree, la corrupción de la propia antigüedad, de la antigüedad aristocrática, la que posibilitó la aparición del cristianismo. Nunca nos opondremos con suficiente dureza a la idiotez disfrazada de sabiduría de los que incluso hoy defienden semejante tesis. En el momento en que los estratos enfermos y corrompidos de los parias (chandalas) se cristianizaron en todo el imperio, existía, en su manifestación más hermosa y madura, su *tipo contrapuesto:* la aristocracia. La mayoría acabó dominando; el espíritu democrático de los instintos cristianos *se impuso.* El cristianismo no tenía un carácter «nacional», ni estaba determinado por la raza: se dirigía a todas las variedades de desheredados de la vida, contaba con aliados en todos los sitios. El cristianismo se fundó en ese rencor característico de los enfermos que se dirige instintivamente *contra* los sanos, *contra* la salud. Todo lo que está bien constituido, lo altivo, lo soberbio y, sobre todo, lo hermoso, le hiere los ojos y los oídos.

Recordaré una vez más la inestimable frase de san Pablo: «Antes eligió Dios la flaqueza del mundo (...), la necedad del mundo (...), lo plebeyo, el desecho del mundo, lo que no es nada.» Esa fue la fórmula; bajo esta insignia venció la decadencia. ¿Entendemos ya el horrible pensamiento que se esconde tras el símbolo de *Dios crucificado*? Que todo lo que sufre, que todo lo que está clavado en una cruz, *es divino*. Todos nosotros estamos clavados en una cruz, luego somos divinos. Y sólo nosotros lo somos. El cristianismo venció y con ello pereció una concepción aristocrática de la vida. Cabe decir, pues, que el cristianismo ha sido hasta hoy la mayor desgracia que ha tenido que soportar la humanidad.

52

El cristianismo se opone también a todo lo que está bien dotado intelectualmente: como razón cristiana, sólo puede hacer uso de una razón enferma, ponerse de parte de todo lo necio, maldecir la «inteligencia» y la soberbia de toda sana inteligencia. Como lo morboso afecta a la esencia misma del cristianismo, el estado de ánimo característicamente cristiano

—la «fe»— ha de ser *por necesidad* un tipo de enfermedad. Todos los caminos rectos, sinceros y científicos que conducen al conocimiento han de ser *forzosamente* repudiados por la Iglesia, como vías prohibidas. El solo hecho de dudar constituye un pecado. La falta absoluta de limpieza psicológica que el sacerdote descubre en su mirada constituye un efecto de la decadencia. Si observamos a una histérica o a un niño aquejado de raquitismo, comprobaremos que, por lo regular, el falsear las cosas instintivamente, el placer de mentir por mentir, la incapacidad de mirar a la cara y de andar erguidos representan una manifestación de la decadencia. «Fe» equivale a *no querer* saber la verdad. El pietista, el eclesiástico de uno y otro sexo, es falso *porque* está enfermo. Su instinto le exige que en ningún momento responda a las exigencias de la verdad. «Lo que hace enfermar es *bueno;* lo que procede de la plenitud, de la superabundancia y del poder es *malo*»: así es como ve las cosas el creyente.

Cuando me encuentro con alguien que *no es libre de dejar de mentir,* intuyo que estoy en presencia de un individuo predestinado a ser teólogo. Otro rasgo que le distingue es su *incapacidad para la filología.* Por filología entiendo aquí, de una forma muy general, el arte de leer bien; el poder leer los hechos sin falsearlos con interpretaciones, *sin* perder, por el ansia de comprender, la cautela, la paciencia y la sagacidad. La filología es entendida aquí, pues, como indecisión en la interpretación, ya se trate de libros, de noticias periodísticas, de destinos o de fenómenos metereológicos; y no digamos ya de la «salvación del alma».

La forma que tiene un teólogo, ya sea de Berlín o de Roma, de interpretar una frase bíblica, un acontecimiento, como una victoria del ejército de su patria, a la luz suprema de los salmos de David, por ejemplo, es siempre tan *osada* que pone los pelos de punta a un filólogo. ¿Qué sentirá entonces ese filólogo al ver que los pietistas y otras vacas sagradas de Suabia disfrazan esa miserable ramplonería de su vida diaria y ese cuarto lleno de humo que es su existencia considerándolos como una manifestación del «dedo de Dios», y convirtiéndolos en un milagro de la «gracia», de la «providencia» y de la «experiencia de que están salvados»?

Sin embargo, bastaría un mínimo esfuerzo intelectual, por no decir ya un rasgo de *decencia,* para hacer ver a esos intérpretes la puerilidad y la indignidad que supone abusar así de la idea de un Dios en términos de prestidigitador. Si tuviéramos una cierta dosis de piedad, por muy pequeña que fuera, un Dios que nos cura a tiempo un resfriado o que nos hace encontrar un taxi cuando se pone a llover, habría de ser para nosotros un Dios tan absurdo que, si existiera, habría que eliminarlo. Se acaba, así, convirtiendo a Dios en un criado, en un cartero, en un mercader ambulante: en suma, en la palabra que expresa la especie más idiota de todos los azares. El concepto de «divina providencia», en el que sigue creyendo hoy casi una tercera parte de la «Alemania culta», representa el argumento más fuerte que podemos imaginar contra la existencia de Dios, y, en cualquier caso, constituye una seria objeción contra los alemanes.

53

Tan poco cierto es que los mártires prueben algo en favor de una causa, que estaría dispuesto a defender que ningún mártir ha tenido nunca nada que ver con la verdad. Ya en la actitud con que un mártir le echa en cara al mundo su convicción de que algo es verdad se manifiesta un grado tan bajo de honradez intelectual, una obnubilación tal ante el problema de la verdad, que ni siquiera es necesario refutar a un mártir.

La verdad no es algo que unos tengan y otros no. Una idea así de la verdad sólo la pueden sustentar, cuando mucho, los campesinos o los apóstoles salidos del campesinado como Lutero. Podemos estar seguros de que cuanto más meticulosos seamos en las cosas del espíritu, mayor será nuestra modestia y nuestra *cautela* respecto a esta cuestión. Estar bien *informado* en cinco temas, y rechazar con elegancia la pretensión de saber mucho de *otras* materias. La forma como todo profeta, todo sectario, todo librepensador, todo socialista, todo hombre de Iglesia entienden la palabra «verdad» constituye una prueba irrefutable de que ni siquiera han empezado a adquirir la disciplina intelectual y la autosuperación personal necesarias para descubrir cualquier verdad, por muy pequeña que sea.

Las muertes de los mártires, dicho sea de pasada, han representado una gran desgracia histórica: *han seducido*. La conclusión que sacan los idiotas, incluyendo a las mujeres y al populacho, de que una causa que lleva a alguien a la muerte (o que llega a producir, como en el cristianismo primitivo, una epidemia de ganas de morir) significa algo muy serio, se ha convertido en un importante obstáculo para la investigación y para el espíritu interrogador y precavido.

Los mártires han resultado *nocivos* para la verdad. Incluso hoy basta con perseguir con cierta energía cualquier forma de sectarismo que no suscita más que indiferencia para convertir a cualquiera de sus partidarios en un hombre *honorable*. Pero, ¿cómo? ¿Es que el hecho de que alguien entregue su vida por ella afecta al valor de una causa? Un error que alcanza una cierta honorabilidad representa un error que posee un atractivo más para seducir. ¿Pensáis, señores teólogos, que os vamos a dar la ocasión de convertiros en mártires en pro de vuestras mentiras? Una causa queda refutada en cuanto se la congela cuidadosamente. Así se refuta también a los teólogos.

Todos los perseguidores de la historia del mundo han cometido la estupidez de darle una apariencia de honorabilidad a la causa que combatían. Le han otorgado la fascinación que ejerce el martirio. Aún hoy se sigue arrodillando la mujer ante un error, porque se le ha dicho que hubo alguien que murió en la cruz por ese error. *¿Es, pues, la cruz un argumento?*

Respecto a esta cuestión sólo un individuo ha dicho lo que había que decir desde hacía miles de años: Zaratustra. He aquí sus palabras: «Han ido dejando un rastro de sangre en el camino que recorrieron, y en su locura predicaron que la verdad se demuestra con sangre.

Pero no hay peor testigo de la verdad que la sangre: la sangre envenena hasta la más pura de las doctrinas, convirtiéndola en fanatismo y en odio dentro de los corazones.

¿Qué demuestra el hecho de que alguien se lance a una hoguera por defender su doctrina? Lo realmente importante sería que su doctrina surgiera de las llamas de su propio incendio.»

54

No nos engañemos: todos los grandes espíritus son escépticos. Zaratustra lo es. La fortaleza y la *libertad* que emana de la fuerza y de la superabundancia de energía espiritual se *prueban* mediante el escepticismo. Las valoraciones positivas y negativas de los hombres que tienen convicciones arraigadas han de ser puestas entre paréntesis. Las convicciones son cárceles. Tales hombres no ven lo bastante lejos, no ven lo que hay *debajo* de ellos; y para poder hacer valoraciones positivas y negativas, hay que ver quinientas convicciones *debajo* de uno y *detrás* de uno. Un espíritu que ansía grandes cosas y que también quiere los medios necesarios para alcanzarlas, ha de ser forzosamente un escéptico. El estar libre de convicciones de todo tipo y el poder mirar con libertad *forman parte* de la fortaleza. La gran pasión, que constituye la base y la potencia de nuestro ser, que es más clarividente y despótica incluso que el intelecto humano, pone a éste enteramente a su servicio; aleja de él cualquier escrúpulo; hasta le da valor para utilizar medios no santos, y, en determinadas circunstancias, le *permite* tener convicciones. Las convicciones son un *medio* para algo, y hay muchas cosas que no se logran más que por medio de convicciones. Esa gran pasión hace uso, pues, de convicciones y las consume, pero no se somete a ellas, porque se sabe soberana. La *debilidad,* por el contrario, necesita fe, necesita ser incondicional en sus afirmaciones y en sus negaciones, necesita sustentar una teoría como la de Carlyle.

El hombre de fe, el «creyente» de cualquier tipo, es, forzosamente, un hombre dependiente, alguien que no puede autoconsiderarse como un fin en sí mismo, que no puede fijarse fines por sí mismo. El «creyente» no se pertenece, no puede ser más que un medio, ha de ser *consumido;* necesita que alguien lo consuma. Su instinto le hace situar en un lugar de honor una moral basada en salirse fuera de sí mismo. Todo le persuade a ello: su inteligencia, su experiencia, su vanidad. En esencia todo tipo de fe es una manifestación de un salir fuera de sí mismo, de un extrañamiento de la individualidad propia.

Comprenderemos muy bien lo que es la convicción, la «fe», si tenemos en cuenta lo necesario que es para la mayoría de los hombres tener un regulador que los vincule y los mantenga a raya desde fuera; si consideramos en qué medida la coacción —y en un sentido más elevado la *esclavitud*— constituye la condición única y definitiva que permite prosperar al hombre débil de voluntad, y principalmente a la mujer. La «fe» representa, así, la columna vertebral de todo hombre que tiene una convicción. Para que este tipo de hombres subsista, necesita *no* ver muchas cosas, no ser imparcial en nada, tomar siempre partido con todo su ser, tener una visión rígida y necesaria de todos los valores. Precisamente por eso la «fe» es la antítesis de la verdad, y el hombre de convicciones, el *antagonista* del hombre veraz.

El creyente no dispone de la libertad necesaria para tener conciencia del auténtico problema de lo «verdadero» y lo «falso». Ser honrado en esta cuestión lo perdería. El condicionamiento patológico de su óptica convierte al convencido en un fanático —Savonarola, Lutero, Rousseau, Robespierre, Saint-Simón—, en la antítesis del espíritu fuerte, que ha logrado ser *libre.* Pero el problema es que los gestos ampulosos y afectados de esos espíritus *enfermos,* de esos epilépticos de la idea, influyen en la gran masa. Los fanáticos resultan pintorescos, y la gente prefiere contemplar gestos a escuchar *razones.*

55

Profundicemos un poco más en la psicología de la convicción, de la «fe». En mi obra *Humano, demasiado humano,* escrita hace ya mucho tiempo, me preguntaba yo si las convicciones no serían tal vez enemigos más peligrosos de la verdad que las mentiras. Ahora quisiera plantear aquí la pregunta fundamental: ¿se da una antítesis total entre mentira y convicción? Todo el mundo cree que sí, pero, ¿en qué no cree todo el mundo?

Cada convicción tiene su propia historia, sus formas primarias, sus tentativas y sus fracasos. Se *convierte* en convicción después de *no* serlo durante un tiempo más prolongado aún. ¿Y no podría estar incluida la mentira entre estas formas embrionarias de la convicción? A veces basta con un cambio de personas: lo que en un padre era aún una mentira se convierte en su hijo en una convicción.

Llamo mentira a *no* querer ver algo que se ve, a no querer ver algo *tal como* se ve. De nada importa que la mentira se dé ante testigos o sin testigos. La mentira más común es aquella por la que nos mentimos nosotros mismos; mentir a otros es más bien un hecho relativamente excepcional. Ahora bien, ese no querer ver lo que se ve, ese no querer ver algo *tal como* se ve, constituye la primera condición que ha de reunir todo el que tome, en algún sentido, *partido* por algo. Un hombre que toma partido se convierte forzosamente en un mentiroso. La historiografía alemana, por ejemplo, está convencida de que el imperio romano se basó en el despotismo, mientras que los germanos difundieron el espíritu de libertad. ¿Qué diferencia hay entre esta convicción y una mentira? No nos ha de extrañar, pues, que todo el que toma partido, incluidos los historiadores alemanes, use instintivamente los grandes vocablos propios de la moral; que la moral *siga existiendo* prácticamente por el hecho de que el hombre que toma un partido de cualquier tipo la necesita en todo momento.

«Ésta es nuestra convicción: la confesamos ante todo el mundo; por ella vivimos y morimos. Hay que respetar a todo el que tiene convicciones.» Frases así se las he oído decir incluso a antisemitas. ¡Pues no, señores míos! ¡Todo lo contrario! Un antisemita no se vuelve más decente mintiendo por principio. Los sacerdotes, que en esto son más sutiles y que saben muy bien la objeción que está implícita en el concepto de convicción (es decir, que es una falsedad radical *porque* se halla al servicio de un fin), han heredado de los judíos la ingeniosidad de introducir aquí los conceptos de «Dios», de «voluntad de Dios» y de «revelación de Dios». Incluso Kant, con su imperativo categórico, siguió la misma vía: en este ámbito su razón pasó a ser razón *práctica*. Hay cuestiones en las que al hombre *no* le es dado poder decidir si son verdaderas o no. Las cuestiones más elevadas, todos los grandes problemas de los valores, escapan de los límites de la razón humana. La auténtica filosofía se reduce a comprender cuáles son los límites de la razón. ¿Para qué se reveló Dios al hombre? ¿Cómo va a haber hecho Dios algo innecesario? El hombre no *puede* saber por sí mismo lo que es bueno y lo que es malo; ésta es la causa de que Dios le haya manifestado su voluntad. Moraleja: el sacerdote *no* miente. El problema de la «verdad» o la «falsedad», en los temas de los que habla el sacerdote, no permite en modo alguno mentir, habida cuenta de que, para hacerlo, se tendría que poder decidir qué es aquí verdad. Y esto es precisamente lo que *no* puede decidir el hombre. Lo único, pues, que hace el sacerdote es transmitir la palabra de Dios.

Esta forma de razonar que acabo de exponer, y que es característica del sacerdote, no es sólo judía o cristiana: el derecho a mentir y ese rasgo de ingenio consistente en introducir la idea de «revelación» forman parte integrante del tipo sacerdotal, tanto de los sacerdotes de la decadencia como de los sacerdotes del paganismo. (Paganos son todos los que dicen sí a la vida y para los que la palabra «Dios» designa el gran decir sí a todo.) Los conceptos de «ley», «voluntad de Dios», «libro sagrado» e «inspiración» no son más que palabras que designan las condiciones *en* las que el sacerdote accede al poder y *con* las que lo conserva. Tales ideas se hallan en la base de todas las organizaciones sacerdotales, de todas las estructuras de poder sacerdotales o filosófico-sacerdotales. El concepto de «mentira santa» es común a Confucio, al Código de Manú, a Mahoma, a la Iglesia cristiana, y se encuentra también en Platón. Se afirme donde se afirme que «la verdad existe» lo que se está significando es que *el sacerdote miente*.

56

Lo que, en último término, importa saber es con qué *fin* se miente. Mi crítica a los medios que utiliza el cristianismo se basa en el hecho de que no contenga fines «santos», que sus fines sean *malos:* envenenar, calumniar y negar la vida, despreciar el cuerpo, degradar al hombre y hacer que éste se deshonre a sí mismo con la idea de pecado... *En consecuencia,* sus medios son también malos.

Por el contrario, experimento sentimientos completamente distintos cuando leo el Código de Manú, esa obra tan incomparable y superior que el simple hecho de citarla al lado de la Biblia constituye un pecado contra el *espíritu.* Inmediatamente se observa que, tras esa obra y *dentro* de ella, hay una auténtica filosofía, y no sólo una maloliente judaína, mezcla de rabinismo y superstición. Constituye un buen manjar hasta para el psicólogo más exigente.

No nos olvidemos de lo principal: lo que le diferencia radicalmente de toda clase de biblias es que quienes con este código regulan a la masa son los estamentos *aristocráticos,* los filósofos y los guerreros. Ello hace que por todas partes aparezcan valores aristocráticos, un sentimiento de perfección, un afirmar la vida, una sensación triunfante de estar a bien consigo mismo y con la vida. El *sol* brilla en todas las partes de este libro.

Todo aquello sobre lo que el cristianismo derrama su inconmensurable grosería —la concepción, la mujer, el matrimonio, por ejemplo— es tratado aquí con la seriedad, el respeto, el amor y la confianza que merece. ¿Cómo se puede poner en manos de un niño y de una mujer un libro que contiene una frase tan innoble como ésta?: «Mas para evitar la fornicación, tenga cada uno su mujer, y cada una tenga su marido. (...) Mejor es casarse que abrasarse» (San Pablo, I Corintios, 7, 2 y 9). ¿Cómo se puede ser cristiano mientras la fecundación humana esté cristianizada, esto es, *manchada* por la idea de que «María no concibió por obra de varón»?

No sé de ningún otro libro en el que se le dediquen a la mujer palabras más dulces y cariñosas que en el Código de Manú. Aquellos viejecitos y aquellos santos tenían una forma tan amable de tratar a la mujer que va a ser muy difícil que alguien los supere. «La boca de una mujer —se dice en un pasaje—, los senos de una muchacha, la plegaria de un niño y el humo del sacrificio son siempre puros.» Y en otro lugar: «No hay nada más puro que la luz del sol, la sombra de una vaca, el aire, el fuego y el aliento de una muchacha.» Un último fragmento, aunque tal vez sea también una mentira santa, señala: «Todas las aberturas del cuerpo del ombligo para arriba son puras; todas las que están por debajo son impuras. Pero en lo que respecta a las muchachas, todo su cuerpo es puro.»

57

Si comparamos los *fines cristianos* con los del Código de Manú e iluminamos con una intensa luz esta antítesis máxima entre unos y otros, quedará de relieve la *falta de santidad* de los medios utilizados por los primeros. Quien critique el cristianismo no puede menos que hacer que se le *desprecie*. Como sucede con todos los buenos códigos, el de Manú aparece como el resumen de la práctica, la sagacidad y la experiencia moral acumuladas tras largos siglos. Es una conclusión, no crea nada nuevo. El supuesto previo para llevar a cabo una codificación de esta especie radica en entender que los medios que confieren autoridad a una verdad adquirida de una forma larga y costosa difieren radicalmente de los medios que se utilizarían para demostrar esa verdad. Un código no hace referencia nunca a la utilidad, a las razones y a la casuística que han existido durante la prehistoria de una ley. Si lo hiciera, perdería su tono imperativo, ese «debes» que constituye la condición previa para que se le acate.

La cuestión consiste precisamente en esto. En un determinado momento de la evolución de un pueblo, su estrato más perspicaz, esto es, el que mejor mira hacia el pasado y hacia el futuro, decide que ya ha concluido la experiencia de acuerdo con la cual se debe (es decir, *se puede*) vivir. Su objetivo consiste en recolectar la cosecha mejor y más numerosa posible de la época de experimentación así como las *malas* experiencias sufridas. En consecuencia, hay que guardarse a partir de aquí de seguir haciendo experimentos, de continuar manteniendo los valores en una situación de cambio constante, de seguir examinando, eligiendo y criticando hasta el infinito los valores.

Frente a esta tarea se alza un doble muro: por una parte, *la revelación,* es decir, la afirmación de que la razón de estas leyes no tiene un origen humano, que no ha sido buscada y descubierta lentamente y con equivocaciones, sino que, por proceder de Dios, es completa, perfecta, sin historia; que es un don, algo que ha sido transmitido. Por otra parte, *la tradición,* es decir, la afirmación de que la ley viene existiendo desde un tiempo inmemorial, de que quien la pusiera en duda cometería una impiedad, un crimen contra los antepasados. La autoridad de la ley se basa en estas afirmaciones: Dios la *dio,* y los antepasados *acomodaron su vida a ella.*

La razón última de este procedimiento radica en la intención de ir alejando paulatinamente la conciencia de esta forma de vida cuya conveniencia ha sido reconocida (es decir, *demostrada* por una experiencia larga y discriminatoria). De este modo se logra ese automatismo total del instinto que representa la condición previa de toda forma de maestría y de perfección en el arte de vivir. Elaborar un código como el de Manú significa otorgar a un pueblo, a partir de ese momento, el derecho a convertirse en maestro, a ambicionar y alcanzar una perfección en el arte supremo de vivir. *Para eso se le ha de hacer inconsciente:* éste es el fin que persigue toda mentira santa.

El orden por castas, esa ley suprema e imperante, no es más que la ratificación de un *orden natural,* de una legalidad natural de primer orden, que ninguna arbitrariedad, ninguna «idea moderna», puede modificar. En toda sociedad sana se distinguen y se interaccionan tres tipos que gravitan fisiológicamente de forma distinta. Cada uno de ellos tiene su propia higiene, su propia esfera de trabajo, su maestría. *No* es Manú, sino la naturaleza, quien separa entre sí a los hombres en los que predomina la inteligencia y el espíritu, a los hombres en los que destacan unos músculos y un temperamento fuertes, y a los hombres en los que no resalta ninguna de estas cosas, a los mediocres. Estos últimos constituyen la gran mayoría, mientras que los primeros representan la selección.

A esta casta superior la llamo *la minoría;* por ser la más perfecta, tiene unos derechos y unos privilegios minoritarios, entre los que está el de ser en la Tierra una manifestación de la felicidad, de la belleza y de la bondad. Sólo a los hombres más espirituales les está permitida la belleza, *lo* bello; sólo en ellos la bondad no es una muestra de debilidad. Lo bello es cosa de pocos; el bien es un privilegio. Por el contrario, nada se les puede consentir menos a estos hombres superiores que unos modales feos, que una forma pesimista de verlo todo —un ojo que *afee* lo que mire—, y, sobre todo, que se indignen por el aspecto general de las cosas. La indignación, al igual que el pesimismo, constituye una prerrogativa de los parias (chandalas).

El instinto de los más espirituales, ese instinto que dice sí a la vida, afirma: «*El mundo es perfecto;* en su perfección están contenidos la imperfección, todo lo que está *por debajo* de nosotros, la distancia, el *pathos* de la distancia e incluso el chandala.» Al ser *los más fuertes,* los hombres espirituales hallan su felicidad donde otros no encontrarían más que su ruina: en el laberinto, en la dureza consigo mismos y con los demás, en el riesgo. Su placer consiste en vencerse a sí mismos. En ellos el ascetismo se convierte en algo natural, necesario e instintivo. Toda empresa difícil les parece un privilegio que les está reservado; su *diversión* consiste en jugar con cargas que a cualquier otro le abrumarían. El conocimiento es, para ellos, una forma de ascetismo. Forman el tipo de hombres más honorable, lo cual no impide que sean los más alegres y amables. Dominan, no porque deseen hacerlo, sino por el solo hecho de *existir;* no son libres para ser los segundos.

Los *segundos* son los guardianes de las leyes, los que se ocupan del orden y de la seguridad: son los guerreros aristocráticos, y, ante todo, el rey, encarnación suprema del guerrero, del juez y del mantenedor de la ley. Los segundos son el brazo ejecutivo de los más espirituales, los que están más cerca de ellos, los que los descargan de todo lo que hay de *grosero* en la acción de dominar; su séquito, su mano derecha, sus mejores discípulos.

Todo esto —insisto— no tiene nada de arbitrario ni de «artificial». Lo artificial y lo que, de este modo, deshonra a la naturaleza es lo *distinto* a esto. El orden por castas, la *jerarquización,* no hace más que expresar una ley suprema de la propia vida; la separación de los tres tipos es una condición necesaria para el mantenimiento de la sociedad, para hacer que sean posibles los tipos superiores y supremos. La *desigualdad* de derechos es la condición previa para que pueda haber derechos. Un derecho es un privilegio, y cada cual tiene su privilegio de acuerdo con su manera de ser. No restemos importancia a los derechos de los *mediocres.* La vida que aspira a lo *alto* se hace cada vez más dura: arrecia el frío y aumenta la responsabilidad. Una cultura elevada es como una pirámide: sólo puede alzarse sobre una base amplia; su condición previa y fundamental es una mediocridad sana y fuertemente consolidada. Los oficios manuales, el comercio, la agricultura, *la ciencia,* el arte en su mayor parte; en suma, todas las actividades profesionales en conjunto no son compatibles más que con unas capacidades y unos deseos mediocres. Entre los seres excepcionales, esas cosas estarían fuera de lugar; el instinto que les caracteriza estaría en contradicción tanto con la aristocracia como con el anarquismo.

Existe un destino natural que hace a unos ser socialmente útiles, insertarse en un engranaje, cumplir una función. No es la sociedad, sino el tipo de *felicidad* que es capaz de experimentar la mayoría lo que los convierte en máquinas inteligentes. Para el mediocre, la felicidad consiste en ser mediocre, en alcanzar una maestría en *una sola* cosa; su instinto natural lo impulsa a la especialización. Sería indigno de un espíritu profundo criticar la mediocridad en sí. Ella es incluso *lo primero* que se necesita para que puedan existir individuos excepcionales. Toda cultura elevada depende de la mediocridad. Si el hombre excepcional trata a los mediocres con más delicadeza que a sí mismo y que a sus iguales, no es sólo por pura cortesía salida del corazón, sino sencillamente porque es su *deber*.

¿A quién odio yo más de entre toda esa chusma de hoy en día? A la chusma socialista, a esos apóstoles de los parias y de los chandalas que con su existencia minúscula socavan el instinto, el placer y la satisfacción de los obreros haciéndolos envidiosos y enseñándoles lo que es la venganza. La injusticia no radica nunca en la desigualdad de derechos, sino en exigir la «igualdad de derechos». ¿Qué es lo *malo*? Ya lo dije antes: todo lo que hunde sus raíces en la debilidad, en la envidia y en la *venganza*. El anarquista y el cristiano son de la misma casta.

58

Realmente, el fin que se pretende conseguir al mentir establece una diferencia, ya que se puede mentir para conservar o para destruir. Cabe establecer una equivalencia entre el cristiano y el anarquista, dado que sus fines y sus instintos tienden a la destrucción. La historia demuestra con una claridad terrible su afirmación. Acabamos de ver una legislación religiosa cuyo fin era «eternizar» esa condición suprema que es una gran organización de la sociedad, para hacer que la vida *prospere*. El cristianismo, por el contrario, consideró que su misión consistía en acabar con semejante forma de organización, *habida cuenta de que hacia prosperar la vida.* En el primer caso, lo que la razón había producido tras largas épocas la experimentación y de inseguridad debía redundar en un provecho muy lejano, sobre la base de la recolección de una cosecha lo más grande, lo más rica y lo más completa posible. En el segundo caso, por el contrario, *se envenenó* dicha cosecha de un día para otro. Lo que tenía una existencia más duradera que el bronce, el imperio romano, la forma de organización más grandiosa nunca conseguida pese a las difíciles condiciones en que se creó, y en relación con la cual todo lo anterior y todo lo posterior aparece como algo fragmentario, imperfecto y diletantista, aquellos santos anarquistas pensaron llevar a cavo un «acto de piedad» destruyéndolo. Se esforzaron, pues, en destruir «el mundo», esto es, *el imperio romano,* hasta no dejar piedra sobre piedra, de forma que hasta los germanos y demás rufianes pudieron apoderarse de él.

Tanto el cristiano como el anarquista son seres decadentes, incapaces de hacer otra cosa que no sea disolver, envenenar, ajar, *chupar la sangre;* en ambos se da el instinto de *odiar mortalmente* a todo lo que se alza y se eleva con grandeza, a lo que permanece, a lo que garantiza un futuro a la vida. El cristianismo fue el vampiro del imperio romano; en una noche aniquiló esa obra ingente llevada a cabo por los romanos de conquistar un terreno sobre el que construir una cultura perdurable. ¿Me explico? El imperio romano que conocemos, y que la historia de la provincia romana nos ayuda a conocer cada día mejor, esa obra artística de gran estilo, la más admirable de todas, era sólo un comienzo, y se pensaba que el paso de los siglos demostraría la validez de semejante construcción. Hasta la fecha no se ha construido nada parecido, y ni siquiera se ha soñado en construir algo que tuviera también una dimensión de eternidad. La organización romana era lo bastante sólida como para soportar unos emperadores deleznables; a este nivel actúa el *primer* principio de toda gran obra arquitectónica según la cual el azar de las personas no ejerce ninguna influencia en ella.

Con todo, no fue lo bastante sólida para enfrentarse con la forma más corrompida de todas las corrupciones: el *cristiano*. Ese gusano subterráneo se fue aproximando a escondidas, en medio de la noche y de la niebla de la ambigüedad, a todos los individuos para arrebatarles a uno por uno la seriedad para con lo que es *verdad* y el instinto respecto a lo que es una *realidad*. Esa cuadrilla cobarde, feminoide y dulzarrona se fue apoderando paulatinamente de las «almas» de esa ingente construcción; se fue haciendo con esos caracteres viriles y aristocráticos, que sentían la causa de Roma como algo propio, en lo que a seriedad y a *orgullo* se refiere. Lo que se apoderó de Roma fueron las divagaciones de los santurrones, la clandestinidad de los cenáculos, unas ideas tétricas como las de «infierno», «sacrificio del inocente», «unión mística en el acto de beber sangre» y, sobre todo, el fuego de la venganza de los chandalas, que fueron avivando poco a poco.

En suma, se trataba de una forma de religión que ya Epicuro había combatido en su manifestación embrionaria. Leyendo a Lucrecio se puede ver que lo que combatió Epicuro no fue el paganismo, sino el «cristianismo»; es decir, la corrupción de las almas con las ideas de «culpa», «castigo» e «inmortalidad». Epicuro combatió los cultos *subterráneos* que constituyeron el germen del cristianismo. En aquellos momentos, negar la inmortalidad era ya una auténtica *redención*. Y Epicuro hubiese vencido porque todo lo que había de respetable espiritualmente en el imperio romano era epicúreo, *si no hubiera aparecido san Pablo*.

Efectivamente, san Pablo representó el odio del chandala a Roma, al «mundo», encarnado, convertido en genio; el *eterno* judío por antonomasia. Él fue quien intuyó la forma cómo se podía provocar «un incendio a escala mundial», con ayuda de la reducida secta cristiana, al margen del judaísmo; el modo cómo se podía concentrar en un ingente poder, bajo el símbolo del «Dios crucificado», todo lo inferior, lo clandestinamente rebelde, la herencia entera de las intrigas anarquistas existentes en el seno del imperio. «La salvación proviene de los judíos.» El cristianismo podía ser la fórmula que superara a todos los tipos de culto subterráneo (los de Osiris, los de la Gran Madre, los de Mitra, por ejemplo).

La genialidad de san Pablo consistió en entender esto. Estaba tan instintivamente convencido de ello que no dudó en faltar drásticamente a la verdad y en poner en boca —y no sólo en boca— del «salvador» que se inventó las ideas con las que fascinaban aquellas religiones de chandalas. *Convirtió* a ese salvador en algo que hasta un sacerdote de Mitra podía comprender. Ésta fue la «iluminación» que tuvo en el camino de Damasco: entender que *necesitaba* la fe en la inmortalidad para desvalorizar «el mundo», que el concepto de «infierno» acabaría imponiéndose en Roma, que la idea de un «más allá» *aniquila la vida*. Nihilismo y cristianismo no son sólo dos palabras que riman.

59

Toda la obra del mundo antiguo había resultado *inútil*. No tengo palabras para expresar lo que siento ante un hecho tan monstruoso. Si pensamos que la obra de ese mundo tenía aún un carácter preliminar, que lo que con una pétrea conciencia de sí mismo acababa de cimentarse no era más que la base para una obra que había de durar milenios, concluiremos que todo el *sentido* del mundo antiguo había resultado inútil.

¿De qué habían servido los griegos y los romanos? En ellos

se daban ya todas las condiciones para una cultura sabia; todos los *métodos* científicos estaban ya allí; había quedado establecido ese requisito necesario para la tradición de la cultura y para la unidad de la ciencia que es el arte de leer bien; la ciencia de la naturaleza, vinculada a las matemáticas y a la mecánica, se hallaba perfectamente encaminada; *el sentido para la percepción de los hechos* —lo que constituye en definitiva el más valioso de todos los sentidos— tenía sus escuelas y contaba con su tradición secular.

¿Comprende el lector lo que esto significa? Que ya se había descubierto aquello que es *esencial* para empezar a trabajar: los métodos. Porque —digámoslo una vez más— los métodos *son* algo esencial, así como lo más difícil y aquello que durante más largo tiempo se ha de enfrentar con las costumbres y con la pereza. Lo que hoy hemos vuelto a descubrir, tras habernos vencido a nosotros mismos de una forma indecible, ya que de alguna manera tenemos aún incorporados a nuestro ser los malos instintos, los instintos cristianos, el mirar la realidad de frente, el tener una mano cauta y el ser paciente y serio hasta en las cosas más insignificantes, la *honradez* total en lo relativo al conocimiento, todo ello existía ya hace más de dos mil años. Y no sólo eso: el buen gusto, el tacto delicado; no como un adiestramiento cerebral, no como esta cultura «alemana» de porte deshonroso, sino como cuerpo, como gesto, como instinto: como realidad, en suma... *¡Todo ello había resultado inútil!* Había quedado reducido, de la noche a la mañana, a un simple recuerdo. Los griegos y los romanos, la aristocracia del instinto, el gusto, la investigación metódica, el genio para organizar y administrar, la fe en el futuro humano y la *voluntad* de alcanzarlo, la gran afirmación de todo, cuya manifestación externa era el imperio romano, visible para todos los sentidos, el gran estilo, no ya simplemente como arte, sino como realidad, como verdad, como vida; todo ello había quedado sepultado de la noche a la mañana, y no por un acontecimiento natural precisamente. No fue pisoteado por los germanos y por otros pueblos incapacitados, sino que lo deshonraron unos vampiros astutos, clandestinos, invisibles y anémicos. No lo vencieron, sino que lo chuparon simplemente.

La sed oculta de venganza, las pequeñas envidias, adoptaron actitudes *señoriales*. De golpe, se situó en un primer plano todo lo miserable, lo que sufre a causa de sí mismo, lo que está atormentado por malos sentimientos, el mundo de ese coto cerrado que es el alma. No hay más que leer a cualquier agitador cristiano, a san Agustín, por ejemplo, para comprender, para percibir cuál fue la asquerosa cuadrilla que se encumbró de semejante forma.

Nos engañaríamos si pensáramos que los dirigentes del movimiento cristiano no sabían lo que hacían. Esos señores Padres de la Iglesia fueron listos hasta la santidad. Lo que les faltaba era algo completamente distinto. La naturaleza no había sido pródiga con ellos: se había olvidado de proveerles una mínima dosis de instintos respetables, de instintos decentes, de instintos *limpios*. Dicho entre nosotros, no fueron ni siquiera hombres. Si el islam desprecia al cristianismo, no le faltan razones, dado que la materia prima del islam estuvo constituida por hombres de verdad.

60

Tras arrebatarnos la cosecha de la cultura antigua, el cristianismo nos arrebató también la de la cultura *islámica*. El mundo maravilloso de la cultura árabe en España, más cercano a *nosotros,* en último término, que Grecia y Roma, porque nos hablaba con mayor fuerza a nuestra sensibilidad y a nuestro gusto, *fue pisoteado* (no tengo que decir por qué pies). ¿Por qué? Porque debía su origen a unos instintos aristocráticos, a unos instintos varoniles, porque decía sí a la vida, y lo hacía además con esa refinada y singular sensibilidad de la vida árabe.

Posteriormente, los cruzados combatieron contra algo ante lo que habrían tenido que arrodillarse y venerarlo con la frente en el suelo: una cultura tal que, en relación a ella, hasta nuestro siglo XIX resultaría muy pobre y «atrasado». La verdad es que los cruzados estaban sedientos de botín y que el Oriente era muy rico. Seamos sinceros: las cruzadas no fueron más que una piratería a gran escala.

La nobleza alemana, que en el fondo es una nobleza vikinga, se encontraba allí en su salsa. La Iglesia ha sabido siempre muy bien cómo *captarse* a la nobleza alemana. Con tal de que le *pagaran bien,* la nobleza alemana ha consentido siempre en ser la guardia pretoriana de la Iglesia, en ponerse al servicio de todos los malos instintos de la Iglesia. ¡Y pensar que con la ayuda de espadas alemanas, de sangre y de valor alemanes, la Iglesia ha hecho una guerra a muerte a todo lo que ha habido de aristocrático sobre la tierra! ¡Cuántas preguntas dolorosas nos podríamos hacer respecto a este tema! La nobleza alemana está prácticamente *ausente* de la historia de la cultura superior. Podemos aventurar la explicación: esas dos formas de corromperse que son el cristianismo y el alcohol.

Realmente, entre el islam y el cristianismo no hay lugar a opción; como no la hay entre un árabe y un judío. La decisión ya está hecha; nadie puede estar indeciso: o se *es* un chandala o *no* se es. Aquel gran espíritu libre, auténtico genio entre los emperadores alemanes, que fue Federico II, comprendió que había que hacer una guerra sin cuartel a Roma, y mantener unas relaciones pacíficas y amistosas con el islam. Y ésa fue su política. ¿Es que un alemán tiene que ser un genio y un espíritu libre para poder tener sentimientos *decentes*? Nunca entenderé cómo un alemán ha podido tener alguna vez sentimientos *cristianos.*

Y ahora es preciso recordar algo mucho más penoso aún para los alemanes. Los alemanes le arrebataron a Europa la última gran cosecha cultural que había podido recoger: la del *Renacimiento*. ¿Se entiende ya, se *quiere* entender lo que fue el Renacimiento? *La inversión de los valores cristianos,* el intento por todos los medios, haciendo uso de todos los instintos y de todo el genio, de hacer triunfar los valores contrarios, los valores aristocráticos. Nunca hasta hoy ha habido una guerra tan grande como *ésa,* ni se ha planteado tan a fondo el problema (que es el *mío*) como en el Renacimiento. Tampoco ha habido nunca una forma de *ataque* más radical, más directa, más certeramente lanzada contra la frente y en el centro. El Renacimiento atacó en el punto decisivo, en la sede misma del cristianismo, puso en el trono papal los valores *aristocráticos,* es decir, los *introdujo* en los instintos, en las necesidades y en los deseos más fundamentales de quienes estaban allí encumbrados.

Veo ante mis ojos una *posibilidad* cuyo atractivo y colorido resultan superiores a todo lo terreno. Me parece ver lucir esa posibilidad en todos los estremecimientos de refinada hermosura; observo que en ella actúa un arte tan divino, tan diabólicamente divino, que será inútil buscar otra semejante a través de los siglos. Contemplo un espectáculo tan lleno de sentido, y al mismo tiempo tan portentosamente paradójico, que habría dado lugar a que todos los dioses del Olimpo lanzaran una carcajada inmortal. ¡Nada menos que *César Borgia elevado al trono* papal!

¿Me explico? Pues bien, *ése* habría sido el triunfo al que sólo yo aspiro hoy en día. Con él, habría quedado *suprimido* el cristianismo.

¿Y qué fue lo que pasó? Que un fraile alemán, Lutero, fue a Roma. Ese fraile, que llevaba en el cuerpo todos los instintos de venganza de un sacerdote fracasado, se indignó *contra* el Renacimiento de Roma. En vez de entender, con el más profundo agradecimiento, el extraordinario acontecimiento ocurrido —la derrota del cristianismo en su propia *sede*—, lo único que su odio supo hacer ante semejante espectáculo fue incrementarse aún más.

Un religioso sólo piensa en sí mismo, y Lutero vio un papado *corrompido,* cuando lo evidente era precisamente lo contrario. En la sede papal ya no estaba sentada esa antigua corrupción, ese pecado original que es el cristianismo. Quien se había asentado allí era la vida, el triunfo de la vida, el gran sí a todo lo elevado, bello y arriesgado. Y Lutero *restauró la Iglesia nuevamente:* la atacó... Con ello, el Renacimiento pasó a ser un acontecimiento sin sentido, una gran *inutilidad.* ¡Ay, estos alemanes, qué caros nos han costado! Su *obra* fue siempre frustrarlo todo: la Reforma, Leibniz, Kant, lo que llaman filosofía alemana, la guerra de liberación, el Reich..., cada una de estas cosas supuso un frustrar algo que estaba ya allí, algo que era *irrecuperable.*

Confieso que tengo por enemigos a todos estos alemanes, que en ellos desprecio a toda esa especie de suciedad que afecta a sus ideales y a sus valores, todas sus cobardías frente a cualquier afirmación y a cualquier negación honradas. Desde hace casi mil años, han enredado y embrollado todo cuanto han tocado con las manos; en su conciencia pesan todas las concesiones que han hecho enfermar a Europa. Y por si fuera poco, también tienen sobre su conciencia el tipo de cristianismo más sucio, más incurable, más deshonroso que existe: el protestantismo. Si no se consigue acabar con el cristianismo, la culpa la tendrán los *alemanes.*

Con lo que acabo de decir he llegado a mi conclusión; pero antes de dar por finalizado este escrito voy a dictar mi sentencia. Yo *condeno* al cristianismo, yo lanzo contra la Iglesia cristiana la más terrible de las acusaciones que haya formulado jamás fiscal alguno. Considero que dicha Iglesia representa la mayor corrupción imaginable, que significa la voluntad de corromper de la forma más definitiva posible. La Iglesia cristiana no ha dejado de corromper cuanto ha tocado; ha desvalorizado todo lo valioso; ha convertido toda verdad en mentira, y toda honestidad en vileza del alma.

¡Que alguien se atreva a seguir hablando de sus beneficios «humanitarios»! *Eliminar* toda la calamidad iba en contra de la utilidad más importante que perseguía, porque la Iglesia se ha alimentado de *calamidades* y ha *producido* calamidades con el fin de conservarse *a sí misma*. La Iglesia ha sido la que ha enriquecido a la humanidad, por ejemplo, con esa auténtica calamidad que es el gusano del pecado. La dinamita *cristiana* es esa mentira, ese *pretexto* para dar salida a los rencores de quienes tienen sentimientos viles, ese concepto explosivo que ha acabado estallando en revoluciones, esa idea moderna, generadora de la decadencia de todo orden social, que es la creencia en «la igualdad de las almas ante Dios».

¿Cómo se puede hablar de los beneficios humanitarios del cristianismo? Para mí, los «beneficios» del cristianismo han sido convertir a la humanidad en algo contradictorio, elevar la deshonra a la categoría de un arte, querer mentir a cualquier precio, despreciar todos los instintos buenos y honrados, y sentir repugnancia ante éstos. Y no sólo eso. Habría que añadir que el parasitismo ha sido lo único que ha practicado la Iglesia; que, con su ideal de anemia y de santidad, se ha bebido hasta la última gota de sangre, de amor y de esperanza vital; que con su ideal del «más allá» ha querido negar toda realidad; que bajo el signo de la cruz ha llevado a cabo la más subterránea conspiración que ha existido jamás contra la salud, la belleza, la buena constitución, la valentía, la inteligencia y la *bondad* del alma: *contra la vida misma,* en suma.

Voy a escribir esta acusación en todas las paredes del mundo, y lo haré con letras que podrán ver hasta los ciegos. Considero que el cristianismo es la *única* gran maldición, la *única* gran perversión que afecta a lo más profundo del ser humano, el *único* gran instinto de venganza, para el que no hay medios lo bastante venenosos, subterráneos y ruines. Considero que es la única mancha inmortal que ha deshonrado a la humanidad.

¡Y pensar que medimos el tiempo tomando como punto de partida el día nefasto en que comenzó semejante fatalidad, el día primero del cristianismo! *¿No sería mejor medir el tiempo a partir de su último día?* ¿A partir de hoy? ¡Inversión de todos los valores!

LEY EN CONTRA
DEL CRISTIANISMO

Promulgada el día de la salvación, día 1 del año 1 (el 30 de septiembre de 1888, según la falsa cronología al uso).

Artículo primero.—Se considera viciosa toda forrna de ir en contra de la naturaleza. La clase de hombre más viciosa es el sacerdote, puesto que *enseña* a ir en contra de la naturaleza. Contra el sacerdote no valen razonamientos; no cabe más que la cadena perpetua.

Artículo segundo.—Toda participación en un servicio divino constituye un atentado contra la moral pública. Se deberá ser más inflexible con los protestantes que con los católicos, más inflexible con los protestantes liberales que con los protestantes ortodoxos. Conforme nos acercamos a la ciencia, aumenta lo que tiene de criminal el hecho de ser cristiano. En consecuencia, el criminal de los criminales es el *filósofo*.

Artículo tercero.—Será arrasado el lugar maldito donde el cristiano ha incubado sus huevos de basilisco; y, como lugar infame de la Tierra, será el terror de toda la posteridad. En él se criarán serpientes venenosas.

Artículo cuarto.—Exhortar a la castidad constituye una incitación pública a ir en contra de la naturaleza. Todo desprecio de la vida sexual y toda impurificación de ésta al tacharla de «impura» representa el verdadero pecado contra el espíritu santo de la vida.

Artículo quinto.—Todo el que se siente a comer con un sacerdote quedará expulsado, ya que al hacerlo se autoexcluye de la sociedad de la gente decente. El sacerdote es *nuestro* chandala, es decir, el tipo más bajo de nuestra sociedad. Deberá, pues, ser proscrito; se le dejará morir de hambre y se le arrojará a cualquier desierto.

Artículo sexto.—La historia «sagrada» será llamada en adelante historia «maldita», que es el nombre que se merece. Para insultar y para designar a los criminales, se emplearán términos tales como «Dios», «salvador», «redentor» y «santo».

Artículo séptimo.—Todo lo demás se deduce de lo anterior.

El Anticristo.

ÍNDICE